赵利平 著

藝術家那些事

广州新华出版发行集团
广州出版社

图书在版编目（CIP）数据

艺术家那些事 / 赵利平著. —广州：广州出版社，2021.1
ISBN 978-7-5462-3067-2

Ⅰ. ①艺… Ⅱ. ①赵… Ⅲ. ①艺术品—鉴赏—世界 ②艺术品—收藏—世界 Ⅳ. ①J051②G262

中国版本图书馆CIP数据核字（2020）第253630号

书　　名 艺术家那些事
Yishujia Naxie Shi
出　　品 柳宗慧
出版发行 广州出版社
（地址：广州市天河区天润路87号广建大厦9楼、10楼
邮政编码：510635　网址：www.gzcbs.com.cn）
责任编辑 区力文　周　秦
文字编辑 张　岚
责任校对 张　苹
装帧设计 林舒巧
封面题签 陈永锵
内封画作 李劲堃
印刷单位 广州市岭美文化科技有限公司
（地址：广州市荔湾区花地大道南海南工商贸易区A幢
邮政编码：510385）
规　　格 787 毫米 × 1092 毫米　1/16
印　　张 23.75
字　　数 265千
版　　次 2021年1月第1版
印　　次 2021年1月第1次
书　　号 ISBN 978-7-5462-3067-2
定　　价 128.00元

序

艺评家赵利平的那点事

最早认识赵利平是通过小说家黄咏梅与其夫文学评论家洪治纲引见的，如今黄洪二人都转去了杭州供职，想起来颇有点伤感，不过朋友间的聚散两依依也是常事。好在我在广东省文艺评论家协会里算是老人，他们开会时不时会叫上我旁听，我也便会隔三岔五地见到广东省文艺评论家协会副主席赵总赵利平了。之所以称赵总，是因为他毕竟是广州一家国企上市公司的副总（最近调升为总经理了），但是他为人低调，经常以一个收藏家兼艺术评论家身份混在我们一班文人之间，与我们谈笑风生，偶尔也说点艺术界的逸闻趣事，有时也带我们去拜访某些大名在外的艺术家。于是，看到他一本本地出一些艺术评论或收藏的书，也就习以为常、见怪不怪了。他的这本《艺术家的那些事》就专说艺术家的人与事，自然也要说他们的作品，将三者融合在一起来说，或许就让我们更接近那些平日听说而又并不详知的艺术家们。赵利平作为摆渡人，将我们与他们的距离拉近了，有了可以对话的机会。

说人，赵利平有近水楼台的平台，他经常会创造与艺术家在一起的机缘，或聚于从化温泉共同舞文弄墨，或上艺术家工作室饮茶观书鉴画，或于展览厅欣赏艺术家们正在展出的作品，共谈观感体验。其间隐藏的一些故事，他不说我们不知也就罢了，但艺术界却少了许多乐趣兴趣乃至审美的情趣。比如赵利平和画家陈永锵随意率性且真诚的交往，被赵利平的“锵哥”用两个字来形容——“鸠鹫”。在粤语读音中“鸠鹫”这两个字有“这点事，无关宏旨，就这样吧”等意思，说的是斑鸠与秃鹫两种鸟，鹫可以仰望天空翱翔于悬崖天际，鸠则扑腾于村庄原野活跃于无垠大地，但作为朋友它们又是平等的，同在一片天空下讨生活，“鸠鹫同天”。这就颇有点老庄万物齐一的味道。赵不说，我还真不知道。平时见到陈永锵总是在岁末文艺界联欢的时候，锵哥总要借酒酣脸热的时机出来耍几回丝巾帕子之类，扮相引得众人叫好，这大概就是他“鸠鹫同天”的本相吧。赵利平在此书中带我们走进林墉一家三画室，这也是我们可远观而不可近视的事情，不是朋友关系，谁又有这种待遇呢？一家三画室，确实难得，所谓艺术世家、书香门第也就是这样造就的吧。这不是赵利平在揭秘，也不是炫耀，而是在写艺术家们的性格与情趣。正如我们了解到的画家黄永玉喜欢色彩斑斓的名车一样，艺术家有这点爱好不是更有些人情味和艺术激情吗？读艺术家传记如果只是谈作品而无故事，味同嚼蜡。可惜的是赵利平写许鸿飞少了许多故事，到许的工作室深入许的内心与生活，我想肯定是极有趣的说事，赵利平是尽量以细节出之，当然与写人交叉在一起。比如他说书法家李卓祺是左撇子，写得一手好爨宝子体，我没见过，原来总是将此李卓祺与曾任广州市副市长的李卓彬相混淆，这次就不会弄错了。赵利平说方楚雄的事也让我们更详尽地知道了他的辉煌成绩是如何造就的。方楚雄在读广州美术学院的时期，山水、人物、花鸟均有涉及，起初导师杨之光是想让方楚雄留校教人物画的，但方楚雄从小就喜欢花鸟画，而当时广美最缺的也就是花鸟专业教师。正因如此，1978年方楚雄毕业后留校便被学校派去北京、天津等地游学。在几个月的游学中，他逐个拜访、请教李苦禅、李可染、王雪涛、崔子范、田世光、孙其峰、阿老、许麟庐等名家。因为当时借住中央工艺美院学生宿舍，所以黄胄先生的课，他也多有聆听。方楚雄最大的特点就是非常勤奋，他总是笔不离手。听说一次国庆时他和朋友到贵州采风，因为游客爆满，在等位吃饭的时间他画了一张水墨写生。我没亲见方楚雄这样做过，但从侧面可以验证他肯定是会这样做的。一次，我与他的弟弟，也是我的同事、暨南大学艺术学院教授方楚乔同去桂林出差，回程时在桂林高铁站吃饭，趁等位方楚乔就开始默写上午游览过的景点，一幅写生画就默写好了。

其实说说艺术家的那点事，是更有助于我们了解艺术家们的成长之路的。一次，我与赵利平在此书中提到的韩志鸿一起，与李劲堃叙谈，当时畅销书作家费勇也在。叙谈中韩志鸿说到，他在小学读书时喜欢画画，他母亲当时在暨南大学附属小学教书，就带着他携带画作去请教当时的同事美术老师，他现在想起来这恐怕就是李劲堃了。他们一对上话，果然如此。李劲堃说，在暨大附小工作时，一些同事和学生还不屑地说他一个大学生还来小学当老师，他当即霸气地回答道："你以为我会在这里一辈子？！"没过两年，他就考上广美中国画专业的研究生了。这便是志气与才气做基础才有的底气。可见闲谈之中说事见人。

说作品，那自然是赵利平的拿手好戏了，此书就少不了要评艺术家的作品。这就看赵利平的艺术修养和审美眼光了。你看他评林蓝的作品，说许多人都会觉得林蓝很现代，作品很有装饰性，但现代感的背后却有着对传统艺术十分执迷的内在元素，那就是宋画的影子。林蓝喜欢宋画中那种墨线细勾、色彩层层渲染的技法，又喜欢那种造景布局呼应绝妙、画面细节周密不苟与饱满端庄的情调，更喜欢那种在创作情绪中贯穿着空灵与静意，表现出严谨与诗意的结合。这便是类似于钟嵘评诗的那种索源溯流的评论法了。又如评李劲堃，则说他的山水画总是在传统国画的外貌下隐含着许多其他画种的元素，远看是诗意的唐宋风韵，近看又有着西方光感、色彩等艺术构成，再细看又发现其中还应糅合了浮世绘的装饰美感，进而长久欣赏时，则可感知其内核依然是传统的中国艺术本质，只是他不断地把这种中国元素分解重构，并综合各种表现技法把景物进一步重组、浓缩与融合，形成一种富有探索性和充盈着表现主义视觉冲击的艺术面貌。这评价没有几分深入理解和艺术功力，也是做不到的。他还评过赵红雨的版画，说她摆脱了传统版画的成规，大胆创新，运用各种硬性、软性的自然材料和人造材料，如树皮、麻绳，卡纸、墙纸，乳胶、塑形膏等，采用拼、贴、涂、刻、撕等灵活的技术，使各种材料的各种肌理融入画面，自由放松地表现出画面质感的丰富性和观感的趣味性。这又有点跨界评论的味道了。实则，赵利平一直在跨界，他评过书法，评过陶瓷艺术，评过雕塑，自然还要评各种收藏品。可惜的是，此书讲收藏少了点，如果加上些收藏家的故事就更有意思了。不过，就很少的几篇，也已经将他的收藏理想与艺术之梦表露无遗了。虽然他说收藏品是过客，但过客留给人类的是丰富的文化财富，正如艺术家们创造的作品和故事一样，留下的也是丰富的文化财富。

本是要说艺评家赵利平的那点事的，但说的多是他的书，自然说书也说到了人，那就说到这吧，权当序。

蒋述卓

（作者系广东省作家协会主席、广东省文艺评论家协会名誉主席、暨南大学文学院教授）

自序

那些年，那些艺术大师

每每看到一些熟悉的艺术大师的作品，当年和他们一起走过那些日子的影像便又浮现脑际，那些格调张扬、个性独特的活生生的形象又浮现眼前。艺术家多是大情大性的人，不同的性情造就了各自面貌独具的作品；也正是他们不同的性情与别具个性的作品，才让世界多了一些绚丽与质感，才让我的人生多了几分色彩和厚度。感恩上苍赐予的缘分，让我得以与这些艺术大师们相遇、相处与相交，回味与他们学习、探讨、聊天、玩乐的点点滴滴，让我获得理解生命意义更多的维度与温度。展望未来，相信艺术的天地依然多姿多彩，让我们为彼此的幸福美好祈祷，也让我以此篇点滴的文字记忆献给艺术大师们。

关山月

随着年龄增长，逐渐有点怀旧起来了。瞧，当年在关山月老先生身旁的那个毛头小伙是不是还透着一股愣劲呢？许多人印象中觉得关老平时言语不多，声调平缓，待人有礼有节，加上其在艺术上的崇高地位让人在其面前心生敬畏而不敢造次；然而，只要走近了，你会发现关老先生其实是很亲和很好相处甚至是乐意开玩笑的，有时还会冷不丁地“热幽默”你一下，引得身边人会心舒颜或哈哈大笑……哎，翻阅旧照，往事历历在目，只是老先生仙去已久矣……

黎雄才

以“黎氏松”和“黎氏山水”闻名于世的黎雄才先生世事人情皆通达，在他身边的人常能有所获益；黎老先生性情开朗豁达，当年已近九十高龄的他依然常与一众后生谈笑风生，虽然有脚疾行走不便，但与其闲聚时围着轮椅转仍无拘无束，他时而叙家常，时而谈艺术，间或有旧事逸闻甚至富有哲理的黄段子以资笑谈……我一直觉得，能认识黎老是一种福分，只是遗憾那些开心日子的留影并不多。黎老在关老走后不久也驾鹤西去，回顾往事，不胜唏嘘。

廖冰兄

与“老顽童”廖冰兄的交往最难忘。当年差不多每周都要见一两次面，否则廖老都会责怪我为什么不去找他，但廖老以前又经常说“浪费时间就等于谋财害命”，于是当他责怪时我就会说那句“不想谋害您的生命”，这时他便会瞪大眼睛说 :“要看时间是花在谁的身上，饭总是要吃，不吃死得更快，外界的信息也要知道，不然就成行尸走肉了，你的任务就是要多点一起陪我吃饭和告诉我社会上有趣的事情……”廖老疾恶如仇，关心困苦，所作漫画多针砭时弊，且入木三分。和他谈论世事时每每谈到一些困苦凄凉的人与事，他会眼湿耳热、啜泣唏嘘 ；而谈到一些逸事笑谈，他则会朗声大笑，拍腿欢呼，且他耳聋声大而不自知，完全不顾及旁人或什么场合。有时参加一些有省市领导出席的活动，他想起哪些做得不够好的，或他认为不该做或者应该做又没做的事情，竟会直呼领导其名，当场质问，搞得气氛十分尴尬。哎，廖老已远去多年，其率真性情和凛然正气却一直在我脑海中挥之不去。

黄笃维

著名书画家黄笃维先生在世时，因为他也是美食家，特别喜欢吃辽参，我们时不时会一起品品美味聊聊天。当年刚认识他时，聊得投契，他便邀我去他“写字楼”饮茶，我

问 :“您也有‘写字楼’？”他说“当然”，因为他是“企业家”……虽心里犯嘀咕，觉得明明是一位大艺术家，难道还跨界办企业不成，但还是欣然应邀。当来到他在人民北路广东画院的“醉墨楼”时，左看右顾都是一处画室。见我疑惑，他才笑言所谓“写字楼”乃指他每天在此挥毫写字（书法），故戏称“写字楼”；至于“企业家”，是指他总是站立着创作字画，乃“企立作业的书画家”，简称“企业家”……怎么样？老先生就是这样欢得开。

黄永玉

曾在2008年为黄永玉先生组织召开过一次新闻发布会，主题是发布他的首个配证书有编号的“烟斗老鼠”。后来陆陆续续有了许多交往，我们品美食，谈雪茄，看他创作，听他讲故事……看看黄老写字是怎么写的，竟能倒着写也那么有味道。饭桌上阿拉斯加帝王蟹的蟹壳被他信手拈来涂上几笔，便成了有趣的男女头像。“天极品”这几字也是倒着写的，“天”字是不是有飘的感觉？“极”字是不是顶天立地？“品”字是不是有多种口味？他96岁生日时，有年轻朋友祝他长命百岁，他听了感到郁闷，自言自语说 :“我的天呀，我这辈子还剩三四年了！”……可见老先生才思敏捷而又谐趣好玩。

陈金章

陈金章老师是非常细致执着的艺术家，是美术界优秀的人民教师，功底扎实，追求完美。他的画作几乎都是经年累月地反复推敲、构思布局、勾勒变化、积染皴擦乃成，每一笔每一景都毫不含糊而且恰到好处，所以很受社会欢迎，画价也很高。他喜欢美食，与我交往多年，以前还时不时一起去花鸟市场买盆栽，当年我结婚与孩子弥月宴时他都出席并来得很早。他的个展怕漏了邀我参加，还专门亲笔题写邀请函让人送来给我。在画展上见面时，不顾别人在等着他合影，拽着我的手去找工作人员给我要精美画册，并搂着肩膀来个合影………老先生90多岁了，现在一来自己忙，二来也不敢太打扰老人家，所以一般只在年节带着小孩去见见面聊聊天，每次见面他都很热情地和我或者我家小孩谈天说地，有时有其他客人一起，我都担心他把别人冷落了，还挺不好意思的。

林墉

与林墉老师的这张合影拍摄于10多年前，是在从化温泉拍的。那时林墉老师因身体原因经常需要去景区住一段时间吸吸氧，那天我去探望他，林老师非常开心，

带我参观其在屋前厝后新添置的大型观赏石，并在石隙中种上兰草，与周边植被互为衬托，相映成趣……我们边说笑边合影留念。艺术家就是别有闲情雅兴的，那天中午他请我吃饭就安排在山溪小亭间，流水潺潺，清风徐来，蝶舞虫鸣，至今我仍记忆犹新……林墉老师学识渊博，风趣幽默，不仅画得一手好画，也是一位高产的作家，其文笔情调别具，读来津津有味，学养之高，令我辈难以望背；以后的日子再探访时，是回到他广州的家中，他则焚香煮茗，妙语连珠，常常令人哑然失笑，总是相处甚欢；有时采访他写点小文章，他却常常说："有空多来聊聊天就好，不要老是带着任务，别把时间都变得不自由了。"

更多艺术大家

喜欢艺术的人总习惯往艺术家堆里钻，因为与艺术家相处不仅能获得审美水平的提高，艺术见识的增长，收获藏品的开心，最为受用的还是艺术家们旷达与谐趣之性情的熏陶；与艺术家们交往的确谐趣好玩，当年"好色（色彩颜料）之徒""无耻（年迈无齿）之徒""大话（画）家"等谐语就经常是他们聚会雅集时的相互戏谑之辞。只是现在市场意识浓厚了，那种约上三五艺术名家，把酒临风、挥洒才情的雅集越来越少了……好吧，就暂借这几位艺术大家过往的点滴作为开篇之语，至于还有许多或至情至性，或谐趣幽默，或学识渊博，或治艺严谨，或勤勤勉勉，或旷达放逸的艺术家们的故事，就让我们一起走进这本册子去感受过往那些日子、那些作品、那些故事吧！

赵利平

目录

第一章

作品风格篇

风格即人，艺术风格实质上是艺术家的精神面貌、审美格调、阅历与学养等方面的综合体现。作者善用行云流水的白描手法，透过对艺术家某件代表作的解读，或对艺术家某类主题创作的诠释，将这些活跃于岭南艺坛的名家新秀们精彩纷呈的艺术气质淋漓尽致地表现出来：陈永锵率真豪放，林墉恣意放达，方楚雄清新脱俗，许钦松旷远幽深，李劲堃雅逸妍丽，郭莽园朴茂华滋，方土雄迈不羁，林蓝温婉从容，许鸿飞阳光快乐，陈彰绩沉雄平实……31篇文章涉及的艺术门类庞杂，流派各异，涵山水、花鸟、人物、工笔、书法、油画、雕塑、陶艺等多个领域，但作者却能抽丝剥茧、丝丝入扣地对之进行分析，尤擅通过细节描写、排比句的铺陈、意境的诗意表达娓娓道来，对艺术品如数家珍。

时而开花热烈　总是根插大地

——与陈永锵闲聊兼评“木棉”画风

喜欢和画家陈永锵先生聊天，每次见面都是愉快的，都是有收获的；回来后往往可捣练成一些文字，以资回味。与他的这种随意率性且真诚的交往，锵哥形容为“鸠鹫”，说的是斑鸠与秃鹫——可以仰望天空与俯视大地的两种鸟。

“好吧，就当我平凡如斑鸠，扑腾于村庄原野，而你却威武如秃鹫，翱翔于悬崖天际……”但这样说时，他又不以为然，他说我们作为朋友是平视的，同在一片天空下，“鸠鹫同天”嘛！

或许陈永锵更喜欢脚踩在泥地上的踏实感。这从他创作选题的选择上即可窥见。陈永锵热衷平常生活中的真情实感，出身于岭南平民家庭的陈永锵，自觉地把敏感的思想感情放在了老百姓身上，他说要“与众生和唱”，不孤芳自赏；也放在了

木棉

陈永锵

他生长的这片土地上，他用劳动者的情感对待大自然，由衷地融入大自然，画花鸟画树木，画虫蚁画生活。他画过土地画过泥，歌颂太阳歌颂生命，积极地以画笔为无言的生命代言，张扬生命。他说一切的生命都有尊严，都不可侵犯。美国的一位评论家曾说过："与其说陈永锵是一位中国花鸟画家，毋宁说他是个热情的生命歌手。"

就拿画木棉花来说吧，其花瓣本是圆形的，但他却以方画寓圆，因为这里面有着作者硬朗的个性与感觉的力量。花鸟画多是拆技取景，但他却多是旺盛茂密、连绵不绝，因为这里面有着作者的激情与旺盛的生命力。生活经常触动或震撼他，到了甘肃见到陇上如海的向日葵，每朵花都有脸盆那么大，他脑海跳出的字眼是"辉煌"；到了新疆见到了广袤与壮丽，他脑海跳出的字眼是"彪悍"……这些景象这些感觉，在他的画里都得到了充分抒发与表现，他说画家无想法无倾向，还不如不画。

陈永锵笔下的景物总是如此沉雄豪迈，如此安详，如此悠然自得；他不追求什么惊世骇俗与所谓的时尚潮流；他只源于传统的笔墨母语与自然的体察，源于个性的感知和自信的表现。他的作品雅俗共赏，讲究造形，他说造形是一种语言一种力量，"形之不存，神之安寄"。虽然他的作品靠近写实已成定式，但这并不是机械地描摹，选取的景物与表现的形态都有他的思考和情感。

2019年3月

风月颂

——李劲堃山水画艺术欣赏

李劲堃的山水画总是在传统国画的外貌下隐含着许多其他画种的元素，远看是诗意的唐宋风韵，近看又有着西方光感、色彩等艺术构成，再细看又发现其中还应糅合了浮世绘的装饰美感，进而长久地欣赏，则可感知其内核依然是传统的中国艺术本质，只是他不断地把这种中国元素分解重构，并综合各种表现技法，把景物进一步重组、浓缩与融合，形成一种富有探索性和充盈着表现主义视觉冲击的艺术面貌。

李劲堃现为国家一级美术师、中国美术家协会副主席、广东省美术家协会主席、广州美术学院院长、岭南画派纪念馆馆长，是岭南富有实力和备受追捧的著名中青年画家，其艺术面貌的形成应与成长背景息息相关。其父李国华是传统国画名师，李劲堃自幼受到传统艺术的熏陶；大学阶段攻读油画专业，

唐宋风月

李劲堃

用心研究伦勃朗与透纳等西方艺术大师，在艺术探索中自然而然地把色彩、明暗、透视等技法应用其中；之后攻读硕士研究生，跟随岭南画派大家陈金章等名师，形成了博采众长和注重写生的艺术观念；加之自身温文尔雅的性情，于是在艺术创新与突破中形成了对自然的尊重以及细腻的画风，其画面更注重自然景物造型的逼真与真实可信。虽然其创作思绪复杂多变，构图丰满、刻画精细，但内在依然条理井然、源流有序，并有一种欲诉还休的情感充盈其间。

《唐宋风月》一画，初看似乎是一幅工细的仿古画，实际上却是块面、线条穿插，色彩、水墨交融而成的；特别是枝丫丰繁弥漫，时而飘逸流泻，时而顿挫转折，蹿枝拔节中往复纠缠，层层叠叠，似有神来之笔，又似是精思苦造；留白与色墨间充盈的水分使画境隐隐透出蒙蒙的空明，以透视与光感营造的背光在参差交错的枝丫中形成了无数深邃幽远的间隙，增添许多神秘深森的观感。画作看似乱头无绪，实则把控有度。无叶的枝条与空灵的画境所描述的不知是深秋、隆冬还是初春。不过隐身其间的一株白梅则透露出生命意志，似乎是春回大地的象征与自信。画作以有限的景物形象通过繁复的重构与精细的画面肌理营造，在一种高度概括以及抽象与非抽象的形象表现中赋予了无限的感染力，也体现出作者激情的挥洒有度，以及对才情张扬的把控能力。

2011年5月12日

（2020年9月修订）

郭莽园：乍看有风情，细思无烟火

广东省美术馆策划组织的近现代名家美术研究系列展览，分别有王肇民、林丰俗、汤小铭和郭莽园的作品，这是广东美术馆的年度压轴大展，也是别开生面、议论众多的一大盛举。不论是画界名宿还是艺术新星，不论是学者藏家还是邻里百姓，不论是特邀好友还是闻风而至者，都美谈四起，津津乐道。

郭莽园的艺风在岭南画坛上是一个异数，他少有地将南北宗熔于一炉，而且在具象与意象间幻化自然、梦笔生花；他画风雄奇，气象高华，风骨狷狂，在当代大写意国画艺术上树立了一种风格。在本次画展中，他把神游已久的敦煌作为创作的

启略川来

郭莽园

重器，平涂勾画、泼写皴擦，各种技法、各种元素在其创作上信手拈来，不黏不滞；郭莽园没有去过敦煌，但他画的敦煌真的很敦煌，那种笔墨的浑厚，肌理的斑驳，色彩的浓郁，形象的古朴，充盈着一种浪漫主义精神；他借敦煌之意象，神授魂与，摆脱了笔墨之困，古今之界，东西之间，眼见与神思之别，自我不断地涅槃，可以说是实现了他的“衰年变法”，达到浑金璞玉，直追化境的天地。

敦煌源于魏晋，是丝绸之路上多元文化的融汇，故既是中国的敦煌，也是世界的敦煌。郭莽园虽没有去过敦煌，但传统文化的滋养，现代信息的传达，各种图像资料获取的便利，以及源于内心向往的炽热情怀与艺术信仰的神思妙想，为他的创作提供了可能。郭莽园借敦煌为突破口，尝试了一种“变法”：他以画历

风虞驱

郭莽园

史、画文化的心态去画敦煌；他以感受原始艺术、感受宗教文化的心态去画敦煌；他以强调壁画的墙面观感和大写意的手法去画敦煌。他画的虽是敦煌，但更是与现实不一样的敦煌，与别人不一样的敦煌；他画的是世间百态和心中万象的敦煌，所以其创作的源泉取之不尽，表现的形象也传神可信。

当然，除了敦煌题材，还有许多其率性的近作，如山水、花鸟、人物等与世人见面。作品不仅表现出他一贯的意境开阔、画风雄浑古朴，还进一步体现出他的自由恣意与孤傲遒劲，及其笔简墨约却又生动入微。郭莽园说他的创作从来不是重复自己，哪怕是老题材也要有新表现。他说，真正的艺术家就是要一生一世不断进步，不断思考，不断读书，不断修炼自己，不断推陈出新。他认为，同样的题材、构图只要重复用三次，相信人家就不会再看你的作品了，所以要十分警惕墨守成规的创作倾向。

怎么才能做到不断出新出彩呢？郭莽园说自身的修养很关键。一方面，他学过西方画，做过设计与民间工艺，对各种艺术门类不保守，不排斥，反而能兼收并蓄；另一方面，他丰富的人生阅历与热爱生活、嗜好美食的情趣激发了创作的灵感与热情。但他更感恩的是青少年时期有幸受到几位老师的言传身教，他们学识的高度和人生的态度，教会他做人做事的方式，引导他走上了艺术的正道。粤东名宿陈半醒老师深厚的传统文化修养影响了他从临汉碑开始写字、刻章到创作古诗词，潮汕地区第一位画油画的赵一鲁老师教授他油画的技法，汕头画院“传统技法百科全书”梁留生老师对他悉心指导，还有与老一辈艺术名家如秦咢生、黄文宽、王贵忱、余凤生、释定持、林春山等的交往对他产生的影响等，都成了他全面性修养的支撑。

不过，当艺术创作上的大写意与大气象受到赞誉时，他总

承元周典

郭莽园

是谦恭地表示感谢或淡然一笑。他常戏言自己“刻鹄雕虫，一耕夫来自田间”，对于创作，他的理解则是：写意写意，有人有写有人没写，有人有意有人没意，不是画大气象就大。他又戏言自己的艺术是“野生的”，虽说有一定的师承，但没有读过专业院校，没有进入对口体制内单位，所学知识又比较庞杂，但他认为，艺术都是相通的，在创作上总是按照自己的爱好，不被程式左右，想什么就画什么，想怎么表达就怎么表达。他觉得，如果没有自己想画点有意思的东西的创作冲动，这样的作品就没意思，只有想得到才能画得到，只有艺术家真正实现了个人的自由，才能在艺术品的表现上与常人不一样。

综观郭莽园大半辈子的艺术之路，他举办的大型个展并不多，但每次展览人气都很高，现场异常热闹。1990年在广州文化公园首次个展，令人惊艳；1992年在中国美术馆举办个展，受到20多家媒体报道，新华社还发了通稿，影响非常之大；之后陆续在西安、杭州等地展览，虽说规模不大，但也备受好评；2012年在广东美术馆的大展，又掀起了广泛的关注。郭莽园说，他平时都是比较散淡的，虽然每次展览都推出了一批新作，但以前都没有有意识地做足准备工作，一般都是用一两个月的时间把手头的画作整理一下，或者再补充一些画作也就可以了。但面对广东美术馆的这次展览却不同，他用了半年以上的时间，边思考边创作，真正感受到创作的强烈欲望和准备工作的紧迫。随着一系列满意的画作诞生，更是有了暗自的快乐和喜悦，因为他自己也觉得应该要有一些新的表现形式，应该要有新作品向社会“交代”了。但他很快恢复了平静，走到人生八旬的时候，现在什么也不缺，努力画一批好画，画一批自己喜欢的画，其他方面则是能减则减，包括画面的笔墨。

郭莽园先生的艺术，乍看有风情，细思无烟火。从他身上能看到文人气与传统民间文化之间存在更多融合的可能。欣赏他的画作能有一种浑然忘我、完全放空的状态，总觉得他有一种笔随心走、形从心发的意识流与时间感。这其中，是一种空灵的意象，一种心性的抒发，有一种让人捉摸不透却愈发想琢磨的魅力。

2019年12月

两岸猿声啼不住

——许钦松书法欣赏

许钦松先生的书风充分体现出其艺术阅历与审美取向的底蕴与性情。作为一名颇具影响力与建树的版画家和山水画家，许钦松的书法同样如刀如锥、运笔遒劲、力透纸背，在偃仰收放中铿锵超迈、意气风发；厚重流畅的笔调在起伏呼应中节奏鲜明、激情澎湃，表现出一种沉着痛快的风格与倔强自信的意志。

多年前，有人对许钦松的艺术路子并不看好，因为他所坚持的现代视角大山水构图疏离了传统文人画的范式，而且他把“异质”的版画表现技法融入了传统国画的创作，这些看似离经背道的探索受到了许多争议、质疑甚至抨击。争议，许钦松是知道的，但他不因争议而犹豫或止步，而是持之以恒，继续追求那种恢宏壮阔、凝重苍茫的审美品格与当代图像语言……

“两岸猿声啼不住，轻舟已过万重山。”这幅书法正是在这种思想背景下创作出的，作者借用古诗意境表达出内心的豪迈与畅怀舒放。许钦松先生经过多年的摸索与提升，终于以日趋完美的创造性笔墨语言与独特的个性风貌征服了世人的眼光，以包容的胸襟赢取了世人的理解与认可，艺术影响遍及长江南北……

2013年2月

两岸猿声啼不住

许钦松

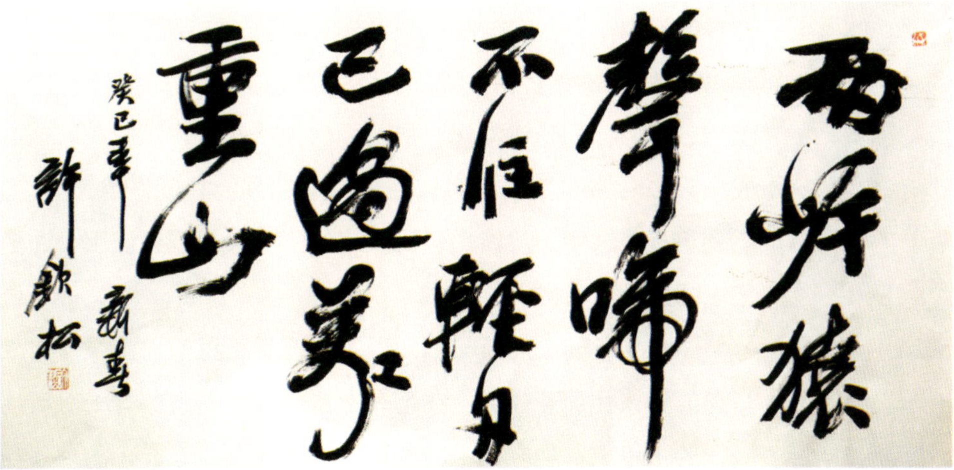

许固令的荷花世界

许固令（字白父），华人书画家。1943年出生于广东省汕尾市。1980年后先后定居中国香港、台北，以及澳大利亚悉尼等地。喜欢游历，曾在30多个国家和地区举办个人画展，以中国戏曲人物脸谱画为主题创作。现为广东省人民政府文史研究馆香港特聘馆员，广东省中国画学会顾问，广州画院名誉画师。

向以脸谱画驰名于世的许固令，不仅以变幻、夸张、浓烈、幽默、世俗化的脸谱创作获得人们的持续青睐，画起花木鸟虫或山野乡村来也同样洒脱自在、风采别具。其创作的“荷花”系列更是以自由、浪漫、轻快、清新的形象与观感征服了许多艺坛同仁以及观赏者。

许固令所创作的荷花不同于人们惯常所见的那些或写实或写意的程式化荷花作品。在色彩上，尽管每幅画都有相对清晰协调的主色调，但画面上依然色彩缤纷、绚烂恣肆，各种各样

六月荷

许固令

明丽的色彩都可应用于荷花的表现上，与人们常见的红荷、白荷或者水墨荷花这几种色彩较为单调的荷花作品在表现上大相径庭。在层次上，他层层铺染、重重叠进，最后挥洒于画面的花朵与枝蕾似乎是从远处翩然而至，亭亭玉立，使表现于平面上的荷花呈现出立体化多层次的观感，甚至有点拟人化的景象。更特别的是题款，许固令特立独行，他凭着自身对中国传统书法的擅长，时而自作诗句，时而借用古诗词，依借画作把内心的情感意念抒写于画面之上，或居中或边角，或补白或覆写，甚至有的随着画面景物高低变化而起伏，错落有致。落款与构图互为呼应，趣味盎然、生动活泼，诗书画印融于一体，文化气息十分浓郁。在表现上，许固令对中国传统绘画的笔墨技巧和西洋艺术色彩技巧乃至现代装饰画的综合技巧驾驭娴熟，以抽象的线条与块面色彩的演绎释放出内心奔放的情怀与玄妙的意蕴。

观赏许固令的荷花世界，不管是万顷荷塘，还是摇曳多姿的风荷数枝，只见其画中每花每蕾总是扶摇直上、欣欣向荣，丝毫没有萎败、没有颓废，横涂纵抹的色墨与遒劲洒脱的线条交织沉浮，不管是迷离的荷野还是舞动的花簇，都仿如花在丛中舞、蕾在丛中笑，一种欢快的气氛，一种充满朝气和积极向上的神采洋溢其间。

细品许固令的荷花创作，仿佛有着林风眠、吴冠中、黄永玉等艺术大师画作的影子。观感上更感性，更充实，更富有时代精神，也许作者正是吸收了各位大师的营养又脱胎于前辈的窠臼，从而形成了自己的语言，自己的风貌。

试观《六月荷》，只见画面层层叠叠，绵延不断，虽然可数的似乎只是近处的风荷数枝，但雾霭朦胧之中我们感觉到的却是景外有景、荷野深深；舞动的花簇连成一体，舒展飘逸，又

禅荷图

许固令

仿如荷花仙子歌舞其间，曼妙的美感难以言传。画作底色从墨绿到嫩绿层次不断递变，基调却一脉相承，以钛白混搭红紫相间的花色施赋于画心，轻盈明丽，颇为耀目。聚散多变的色点墨点有以笔锋着意点之，有以挥笔率意洒之，要么点缀花蕊，要么装点荷梗，节奏多变、生动异常，整幅画作虽然色彩纷繁、笔墨纵放，但却繁密而不浑杂，多变而不絮乱。层次井然、脉络分明，清新活泼与蓬勃生气充盈其间。荷花的物象与自然的规律在抽象的笔墨演绎中斑驳迷离、似是而非，呈现于情理之中又在意料之外，确实耐人寻味。

再观《禅荷图》，虽依然笔墨恣肆，但又法度其中；虽意象夸张，但又凝于真情实景。他赏荷种荷，把握自然规律；他又博览众家，沃看多思。他创作的荷花作品在表现传统笔墨时则传统到极致，在表现现代色彩时则张扬到炫目，表现出强烈的时代气息和鲜明的个性风格。

《禅荷图》在大面积的水墨荷梗中表现出荷野深深、重帐层幔的杳远感和幽深感。生机勃发的叶梗蹲起偃伏、蜷缩张放，节奏时骤时舒；水墨淋漓的荷叶黑者如漆、淡者如烟，特别是画境远处淡墨轻抹，若有若无，似是而非，乍眼间满纸烟云，一种邈远静谧的意境流露其中。而线条挺拔的荷杆聚散错落，直耸画面，即使硕大舒展的莲叶也未见摇曳，似乎风已静，荷野也趋于空寂，一种禅意油然而生……

不过，当观赏者神思骋怀时，作者却突然峰回路转，在画作当眼处大胆地抒写出一朵盛放的红荷。红荷色彩浓艳明亮，边缘处富有光感的几笔钛白既提亮了整朵花的色调，又压下了几许妩媚与艳俗。紧接着又在画作右边淡墨铺排处呼应出一朵初绽绯红的花苞，那几近透明的淡绿既是花萼，也是生意盎然的点睛之笔。还有那画作左上角些许绯红的色痕，不知是画家有意为之还是无意所为，但那似乎遮掩藏露的芳影却更为撩人神思。

至此，画已成，但画家却意犹未尽，一气呵成题下了六首咏荷的古诗。诗作与书法、钤印与画境都颇为讲究，诗情画意，互为映照，书者的性情充盈其间。画未尽，诗未尽，情意更未尽。画外有画，诗外有诗，诗书画印有机契合，浑然一体，非常难得。

2016年11月1日

许鸿飞的《肥福》

苗条窈窕是一种美，心宽体阔也未尝不是一种美，特别是现代生活环境的造化以及基因的使然和岁月的催就，肥女人在我们的生活中并不少见，但只要肥得自信、肥得宽容、肥出协调与悠然，肥胖也有肥胖的可爱与动人。

“肥人自有肥福”，雕塑家许鸿飞创作的《肥福》就肥得直接，肥得通俗而又开心，肥得令人有掐一把或拍一下的冲动。眼前这世俗化的肥女人是如此轻松自在，如此怡然自得，肥嘟嘟的脸庞泛起两个酒窝，胖墩墩的肢体盈动肉感，虽然动作与姿态有些特别，但观感却是如此放松与自然。

作品的整体性非常强，既有生活化的情景与细节，也有雕塑语言的可读性与艺术感；既有块面与球体的形体对比，又有线条与棱角的节奏起伏。在不同光线下，还幻化出别样的神态与表情，特别是作者采用富有纹理的老柚木为雕塑材料，木头的纹理有意无意中形成了肌肉的肌理，加上木质油润的莹泽所呈现出的鲜活的肉感，作品富有生命感的艺术性便显得十分耐人寻味。

2012年12月

肥福

许鸿飞

雅韵天然见大方

——张思燕艺术作品欣赏

喜欢张思燕的花鸟作品。喜欢画中传递出的纯净、温润而又落落大方的清新气息，喜欢画中唯美、醇厚而又雅韵天然的鲜活景象，更喜欢作者作品中流露出的那种怡然自得、恬淡随和的闲适心绪。也许，这只是作者对生活状态追求的一种表现。

张思燕的日子应该并没有这么悠闲，她除了日常烦琐的行政事务与社会事务外，还要组织策划许多艺术大家或历史名作的展览，自身创作似乎只是忙里偷闲。不过，也正是这种不断接触名家真迹与思考历史文化传承的平台所提供的养分，成就了张思燕画作中扎实正道的根基与名家风范的大气。

张思燕的花鸟画创作源于其生活中的细致观察，也源于其热爱生活的敏思善感。不管是到国外采风还是跋涉于名山大川，只要能引起张思燕注目或让她有所感触的，她总是信手拈来，并赋以生命的绎释。

她善于发现身边的美，认为生活中只要多留意与感受，总

春雨

张思燕

会有许多美，她笔下的花木鸟虫常采集于世界各地。她取法自然，往往只是路过或观赏中有所感触而勾下构图，标注特征，把素材积累下来。写生中她有过许多构图，但只有沉淀下来仍不断记挂并有表现冲动的图像才是最适合其创作的内容，因而，她的画作总能让人感受到创作的激情与蕴藉的感情。

作为女画家，张思燕画作的独特之处是无意于工而无不工。在女性特有的细腻缜密中又常常表现出疏朗浑厚、朴实大气的一面。她的画作不只是女性化的柔美，柔美之中更多了一分刚强，且刚强而不直露，是柔中带刚，表现出一种没有火气的画感纯度。其作品《春雨》便充分地体现出这种特性。

春雨迷蒙中的铁树，刚健中多了一分婀娜，舒展的枝叶整齐丰满，粗壮的茎干劲健苍老。画作中间是剪割后硬撑的枝茎，线条焦黑而硬朗，颇为惹人注目。紧接着向上下延伸的是两种不同观感的柔和，上面淡褐色的绒被萼片新叶已长成，雨雾中的嫩绿除了充满生命力，似乎还有着淡淡的愁绪；下面则是经历过岁月沧桑的植株，粗壮刚健而又有了一分平和，不同过渡与对比的处理令人印象深刻。即使是分蘖的两簇枝叶，前后呼应、错落有致，各种层次的嫩绿巧妙地融合在一起，既成整体，又层次分明，一种葱茏向上的生机蓬勃传递于尺幅之外。而苍老的植株则色墨渗融，有笔有墨、有质有韵，层次自然而丰富，硬朗中呈现出一种豁达与活泼。

整幅画作中，作者以色当墨、以墨入色，以水融线、以线入水，交叉融合中既流畅又凝重，既浑厚又泽润，繁而不乱，动静有序。恰如其分的技艺处理与吸取自然于自我之中的写照，令观者对平常熟视无睹的景物兴致顿生，刮目相看，并产生一种心灵呼应的共鸣。

2010年11月15日

踏遍青山铸松魂

——苏起龙山水画赏析

画家苏起龙的山水画艺术创作，得益于他对传统文化的孜孜以求，也得益于他对自然景物的深入领悟，更得益于其“自修内功，本性无争”的思想根基。他拜师入门，临摹写生，研习悟道，数十年如一日，不断地博览众家，临习书画；不断地剖析自身，追求练达；不断地观摩世象，领悟造化，从而形成了他艺术上一种“根植于成法而不为成法所束缚，深入于生活而不为生活所局限”的创作风格。

苏起龙的艺术之路是先模仿而再创造，先熟记前人进而开创自己的路子。他早年拜岭南艺术大家黎雄才为师，遍临黎家山水的教案临本与杰作佳构，常于老师跟前听聆教诲，常请老师修改习作，以最大的力量扎进去，以致习作曾被误认为黎雄才真迹。他不断搜集历代名家画作，临习感悟；又不断剪辑众

山水画作品

苏起龙

坐看云起时

苏起龙

明月松间照

苏起龙

多画评名论，对照印证。其笔下画稿开始有了八大山人、石涛、张大千、傅抱石等名家笔墨的丘壑，也开始出现唐宋风韵、明清格调等风格特点的交替，把南宗北派的绘画真意尝试于个性笔墨的融会之中。

虽然艺术修炼之道依然非常传统，但苏起龙却是一个有规划、有步骤、有追求而又耐得住寂寞的修道者，他揣摩不同画风，充分吸收不同艺术品项的营养。他深知某一艺术形式趋于完善的综合体现需要不同艺术养分的补充与融会才更富有可读性与生命力。为了表现其山水艺术中的树木枝叶与鱼渊禽虫，他便放下山水创作，集中学习与创作花鸟画，再转回山水创作中去融会；为了突破流水在山水画中的自然神韵，又用相当长时间画溪流湖泊、沧海惊涛；为了体现人物形态的准确传神，又临习古书画中的人物形态，并走进街头巷陌、市郊山野去观察；为了表现线条的张力与苍劲，他临习碑帖与观摩名家书作……

他不急不躁，深入研习，往返递复，不断升华，从而使其作品呈现出错综复杂、调和恣纵进而非常富有可读性的深厚内涵。

苏起龙还有一个非常突出的特点，就是他不是单纯地摹古，而是深知艺术作品要有鲜活的形象与时代的精神，就要深入生活与大自然中去体悟规律。他信奉石涛“搜尽奇峰打草稿”的做法。多年来他时而九寨沟，时而张家界，时而黄山胜景，时而云贵高原；时而草原驰骋，时而观海听涛……画景不断更替丰富，笔墨语言不断融洽创新，力求搜罗万象而达于心象。

苏起龙是一位“在野”的山水画家，他隐忍砥砺，与世无争，迁居郊野，亲近自然，自得其乐。他还热衷感悟周易老庄，感悟儒释道学说，常常与友人探讨佛家摆脱尘俗、万物静观之思想，常告诫家人要不争无争、自得安宁，并把这些心绪反映于创作上。

苏起龙当下的画作中树影林风、山光水色、点染皴擦、色墨调和，士气与庶民气混合，雅中见俗；笔墨传统性与时代性并存，亦古亦新，在精神面貌上还是能别具情趣、卓然自立的。

苏起龙喜欢松树，他的《百松万古青》系列共70余幅，是近年踏遍神州名山大川，观摩千松万树而心领神会、取材写生的精心之作，是倾注了作者数十年从艺心路的写照。

这些作品尺寸大小不一，有六尺整纸巨幅，也有四尺开四的条幅，内容千姿百态，景致风貌多样，意蕴神采纷呈，表达了作者不同心境不同状态下的创作面貌，也表达了作者借松抒怀的心境。这种对同一题材、不同创作而不显雷同、可读性强的展览是比较少见的，非常值得观赏。

苏起龙的山水艺术创作仍没显隐于世，未形成被广泛认可的特定艺术形式。从画家自身来说，心境决定画境，苏起龙的画作依然有许多吸引其追捧者之处，他常常于线条形体上表现出一种张力与骨气，但又在墨采神韵上趋于冲淡平和；常常于看似率意挥洒的笔法中体现出章法其中、络意井然，依稀可寻许多传统程式的丘壑；常常于构图繁密处又见景物清新、意蕴自得，有着一种充分心性化的抒写，呈现出闲逸天真和淡定豁达的心绪。其画作依然在不断变化与提升，相信只要进一步深究传统、营造诗意，进一步摸索个性符号，呈现时代气息，并形成系统的思想体系，他将有更加喜人的面貌与建树。

2016年3月

佳作风行　艺树长青

——陈秋明注释重写《草诀百韵歌》

草书，以其书写简便和直抒胸臆之舒心适意，以其狂野飘逸和跌宕起伏的形态优美与节奏乐感而为人们所喜爱。从汉初的草隶到章草，再到今草与狂草，积聚了历代许多书家学者的不懈研究与聪明才智。写好草书却不是一件容易的事，许多人将草书视为畏途，历史上不乏书法名家大师，但以草书享誉的却寥寥无几。

草书之难，入门辨识已经很难了，章法也是一种难以逾越的障碍。关于草书章法的著述，有如孙过庭“草以使转为形质，以点划为性情”，有如怀素“吾观夏云多奇峰，辄常师之”等等，还有《草书势》《草书状》之类，但不容易理解。自宋代开始流行的《草诀百韵歌》，被视为草书入门的重要门径，因该歌诀归纳分析了众多书写草书所提炼的符号以及字形结构等规律，而编成歌诀，故朗朗上口，易于记忆与传唱。该歌诀伪托书圣王羲之所著，据考证实为佚名宋人启编，后经过历代多人补充修整，并有多种版本传世。其中，较受认可的当属明代韩道亨编写的《草诀百韵歌》，但今人读来，古文通假，强赋歌咏，依然十分费解。广东书法名家陈秋明先生正是看到了这一点，加上其身边朋友、学生也常为不得其理而产生困惑，于是萌生注释和重新书写《草诀百韵歌》的念头。

陈秋明生从事书法艺术学习与创作已逾半个世纪，尤以行草书为主攻方向，他书宗二王，其间又广泛涉猎篆隶楷碑等各种书体，最后仍以二王为依归。他笔墨精到，线条质量极高，形成了纵逸有度、遒劲飞舞，灵秀间蕴苍劲、温婉中见新意的书风而深受人们喜爱，其书法作品不仅被众多博物馆和文化艺术机构收藏，也入编了不少权威著作和书法字典等，还有作品长期悬挂于北京人民大会堂。

当今书写形式中电子设备输入普遍，故传承中华传统文化、普及书法艺术尤为迫切。正是基于此，陈秋明收集了以往的几个草书歌诀版本，但内容参差不齐，含糊其意。为了让学习者少走弯路，尽早掌握入门要领，提高学习的兴趣，陈秋明查阅了大量史料，有如《草书字典》《草书识辨指南》及许多名家行草字帖，并结合手头搜集到的不同版本的《草书歌诀》等各类资料，重新编排书写范例，同时增加了通俗易懂的注释和补充，并对草书符号的延伸使用举出具体案例，从而使读者容易理解，容易辨别，书写规范，内容丰富，提高了《草书歌诀》的艺术性和欣赏性。

陈秋明认为，草书入门有效的方法主要是临写草书《千字文》和熟写《草诀百韵歌》，临《千字文》的目的在于识字，临《草诀百韵歌》的目的则在于记忆归纳书写符号和规律。草书中，

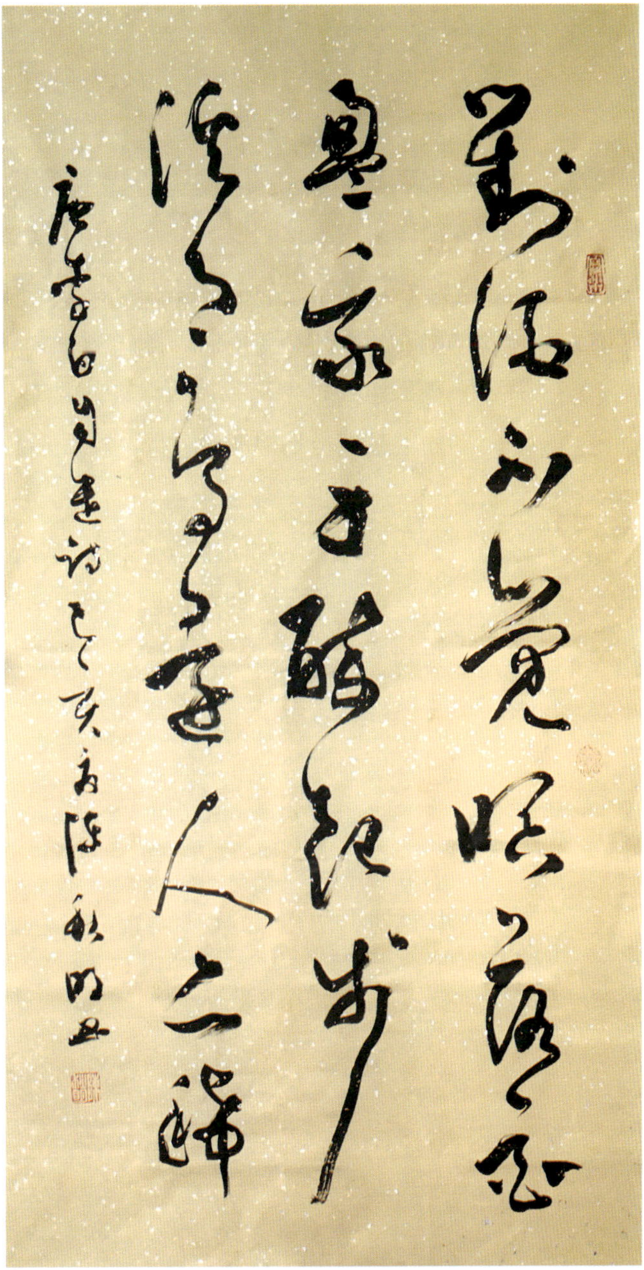

书法作品

陈秋明

常常有同一字几种写法，学书者既要掌握书写方法，也要善于在不同内容不同篇章中灵活运用，增强变化，提高可读性与艺术性。做普及工作，要积极认识不同的符号形式，用多种线条符号创作出容易书写、容易辨别而又丰富多变、富有艺术性与欣赏性的书法作品。陈秋明授学带徒多年，通过对书学基础性工作的梳理，继续在书法形态、笔力以及纸与笔摩擦间变化的放纵与掌控，对个人情感和书写内容的契合与表现等进行深入研究，他认为这些工作与思考未必被人看重，但却是书法创作中很务实很有效的实践，也是他书法人生、快乐人生的历练与自我修为。

近年来，陈秋明有不少关于书法艺术常识与感悟的文章见诸报端，有的还编成书册，这既是对自身实践的总结与积累，也是与同行的探讨以及对后学的启迪与影响。由他注释与重新书写的《草诀百韵歌》，既是对实践与理论探索的一次系统性检验，也是一件延续前贤之作又增补提升的好事，特别是对《草诀百韵歌》的注释与延伸，这是未有人做过的事情，陈秋明先生对这个发现与选择十分开心，也十分投入，他所书写的《草诀百韵歌》，用笔健劲，结字优美，不失为一部极佳范本，相信对书法艺术的普及与提高将有莫大的增益。

2018年9月

陈少珊画作赏析

中国画强调一种“写”的意味与水墨的精神。画家陈少珊除了以工笔画备受称誉外，写意水墨也别具文化意味。他在书法也上不乏锤炼，画余经常临写篆、隶书体，偶尔也作篆刻，这种富有线条美感与骨力彰显的艺术营养融入其创作，使得他的作品充盈着一种金石书法的笔意，时而抑扬顿挫，时而流畅挥洒，表现出一种心性的抒写。在水墨精神上，陈少珊则侧重水墨淋漓的渗化之美，从而在画感上呈现出层次变化与灵动美感；同时，他在抒写中又不忘意象与物象的协调呼应，不计较于形似，但又不遗忘物象的神采，感染了观赏者。

《憩》是陈少珊的一幅大写意作品，画中一翠鸟展翅伫杆，似乎刚捕食而归，梳理羽翼，芦苇的枝叶也因其甫立而披拂不定，花穗震荡……寥寥数笔使得整幅作品情景交融，意趣横生，超然象外。该幅作品水墨淋漓，层次多变，用笔简洁，笔不到

憩

陈少珊

意竟达，形未至而神已臻，精简的画面与单纯的水墨营造出来的动感十足，不仅有一种野逸之趣，更衬托出画境中大自然的动外之静，虚实相生，妙不可言。

陈少珊的作品总是在一种看似寻常的生活场景中独辟蹊径，呈现焕然一新的审美意趣。《幽霭文禽》是作者截取乡野一隅的图景，疏朗的豆荚茎藤枝叶下，几只鸭子似乎刚刚经历了一番水塘戏水，而后或眯憩，或凝望，或抚理羽翼，一种自在安然、舒爽恬淡的气息充盈画面，令观赏者不期然地有一种亲切与轻松的观感。

但细赏这幅画作可见，作者从构图、用笔到淡墨晕化与随

幽霭文禽

陈少珊

机性的处理乃至心境的抒写，无不一丝不苟、殚精竭虑。作者仅以水墨造境，以摇曳垂下的枝条贯穿整个画面，与栖息的鸭子掩映成趣而又互为交代，构图清晰且主次分明，景物递进而又聚散起伏，富于节奏变化。不同于工笔画常见的涂染与勾描，这幅画作经由笔笔书写而又承接自然的线条和形体块面的融合，准确表达物象的形态；鸭子的羽毛虽抽丝叠复，但却张力十足，点染处看似随意却又恰如其分，笔触果敢，造型灵动，传神地表达出物态的质感与形象的自然。特别是，作者用焦浓的墨汁凝心聚力地点出颇有立体感的动物的眼睛，仿佛正在顾盼流转，栩栩如生。

正是这种不同寻常的处理技法与作者洋溢着情感的抒写，使画作在逼真中带出一些怀旧思绪的况味，进而又流露出作者热爱生活的情怀与富有文化的意味以及其质朴的人生体验，使作品更加耐人寻味。

综观画家陈少珊的作品，不管是工笔还是写意，我们都可以强烈地感受到作者在艺术上对虚静之美与素朴恬淡的追求。许多作品中，作者有意将乡村自然景观的动植物去芜取精，重新组合，去除了现实中驳杂琐碎的元素，提炼出典型生动的形象，增加了景物的纯度，也进一步强化其作品给人的静谧素朴的印象，从而更具有一种复古韵致与宁静之美。

且沉下心来，再看画作。你看那鸭子的悠闲憨态，那母鸡、小鸡的温馨和洽，那禽鸟或专静理羽，或凝神颙望，或缩胫静立……画面平凡而美好，宁静又和谐，有着一种素朴静好的意境，勾起人们对恬静与悠然的向往，消解了现实生活中的喧嚣、躁动与纷扰。可见，观少珊书画，真乃于闹市中求一抹“虚静”的好去处。

2020年4月

从《花样年华》看潘柏林陶艺的创造性与时代性

优秀的艺术作品总是散发着迷人的艺术魅力。曾经参观广东佛山石湾柏林艺术馆，许多作品都趣味盎然，惹人流连，其中有一件风格迥然不同的作品《花样年华》尤为令人印象深刻。该作品是中国工艺美术大师、著名石湾陶艺大家潘柏林的跨界之作，从表现风格到创作手法以及所用泥料都与石湾公仔常见的形式有所不同，它是潘柏林与上海当代重彩画家李守白合作的作品。潘柏林以陶塑的形式，李守白以扇面重彩画的形式，共同诠释各自心目中的“上海女人”形象，然后同台展出。当然，李守白作为上海画家，以其对当地风土人情的熟悉，其笔下的人物不乏灵巧活泼、典雅精致的海派韵味；但潘柏林却以其对人性的洞察和高超的人物表现技艺，又未尝没有一种“旁观者清”的意味，他糅合了上海经典文化元素以及心目中

花样年华

潘柏林

对上海女性的评价，深入展现了上海女子玲珑多姿的美态和精致的生活态度，并呈现出岭南艺术与海派艺术的交融。两种文化的碰撞，两种艺术形式的互鉴，可以说相得益彰，浑然天成。

潘柏林的这种跨界合作，把石湾的陶艺带出去，把文人的意识融进来。他深深地认识到几代石湾陶艺人共同的意识与努力就是要把石湾陶艺发扬光大，让石湾陶艺不同于一般工艺品，让石湾陶艺走向文人陶艺。从中国工艺美术大师梅文鼎对石湾陶艺理论的梳理，到前辈陶艺大家庄稼的全国性影响，到陶艺大师刘传当年担任全国美协理事，让石湾陶艺得以亮相全国美展，从民间工艺走向美术作品。正是他们的努力，让人们重新认识了石湾陶艺，重新挖掘了石湾陶艺的文化价值。潘柏林也有这种强烈的担当意识，他希望能在石湾陶艺的文化融合与创新上走出一条新路子。

潘柏林认为创新不是骤变，而是在传统基础上的改造和提升，时下有不少人以引进当代艺术为创新，但当代艺术并不是建立在传统基础上的，是西方的舶来品，可以借鉴，可以接轨。创新的“根”不一样，创新不是拿别人的东西来颠覆自己，而是要做有源之水、有根之木，才可汇流，才可嫁接，才可长出自己土地上的参天大树。

以《花样年华》来说，在创作中不免有互相吸引、互相影响的过程，彼此受到对方艺术风格的影响，潘柏林这件作品既是跨界的，又是石湾的；但还是不同于石湾的传统作品，它是具有时尚感和装饰美感的，是具有时代性与创造性的。

该件作品构图简洁而稳重，婀娜的上海女子半坐半倚，旗袍披巾，抱猫凝思，神态悠闲；以九头身的比例突显身材的高挑匀称，虽手法夸张却观感苗条，自然而不失真实；选用白胎泥呈现出中国女性肤色特有的温润细腻，所谓肤如凝脂、指如春葱；面相的刻画看似寥寥，却细节精准，巧笑倩兮，眉目传情；衣纹简练，线条流畅，衣裳的款式和质感既展现了海派的风韵，也突出了石湾的釉色魅力；作品不同展示面倩影纤纤，惹人遐想；人物塑造既有东方美又有现代感，既有雕塑形式又有泥巴味道，唯美漂亮，大方得体，传神逼真，呼之欲出。

潘柏林的作品总是神采生动，统筹兼顾，着眼于细节，也着力于生活的独特视觉，其作品较之传统的石湾陶塑而言，更充满了生活的趣味和现实的可信，显得传神而不老套，富有情感而不程式化。他强调“神”是艺术最高的境界，有“神”才是艺术品，欠“神”只能沦为工艺品。他认为“神”与“欠神”、有灵魂与没灵魂是评判一件作品优劣的主要依据。

确实如此，陶瓷艺术真正的魅力不仅在于根植深厚的历史底蕴与文化传统，更在于作者如何立足于当代的审美视角，赋予作品鲜活的时代性与创造性，运用富有民族传统与时代风貌的元素以及个人审美观与价值观的体现，激发出传统艺术新的活力与生命力，《花样年华》就是潘柏林先生在这方面的一种新的探索。

2020年2月

融文史、民俗、建筑、地理于一体的情感巨作

——评鉴客家山水画长卷《围龙风采》

我身边有许多客家籍的朋友，他们务实淳朴，为人真诚，乐于助人，使我领略到客家的文化与风貌。一方水土养一方人，客家人的这些特性，应与他们那里的山山水水有关，应与他们那里的人情世故有关。那里的风土面貌与人文习俗，不免使我心存向往。

某日，客家籍画家、好友刘思东先生邀我观赏巨幅长卷《围龙风采》，该画作长达20米，高近2米，汇聚岭南艺术名家与兴（宁）梅（州）籍画家30多人历时一年多合作而成。画作不仅庞然、震撼视觉，画面也蕴藉萦纡、温润和雅，画中更是景物丰富、脉络井然；虽是集众手同作，难免风格迥异，但画面却统筹协调，融合如一。更难得的是，《围龙风采》将客家地区的民风民俗、民居建筑，地方先贤、历史胜迹，地理风貌、人文气息等融于

一体。

该画作以客家民居中最具典型性的围龙屋为聚焦点，展现了坐落于宁江两岸形式如一、风格各异的50多座围龙屋，为传统建筑艺术留下了可供考证的全貌。以贯通南北的宁江河串连景物，呈现了从神光山到龙母山绵延数十公里的兴宁地区丘陵面貌。进而缀以恰如其分的竹林、芭蕉、松树等当地植物，丰富的物象既是艺术创作，又似风物图谱，更若地理图志。画作中还有许多当地人习以为常的生活场景，比如犁田插秧，施肥灌水，收割晒谷，赶集唱山歌；也还有浓郁的民俗风情，比如舞狮舞龙，祭祖上灯，过大礼接新娘，放孔明灯与龙船竞渡等，丰富多彩，不一而足。此外，画作中不仅以古迹史迹引申出许多佛道传奇和名人逸事，还如实地描绘了众多现代建筑与城镇群落，既表现了历史文化的一面，也表现了现代发展的一面，蔚为壮观之中不乏现代化气息。

画作以客家名家刘济荣先生生前预题的书法为题签，并邀

围龙风采

艺术大家周国城先生再作总题，配以美术理论家梁江先生书写的古邑兴宁八景赋，用心至微，分量十足！

这些年来，刘思东山水画团队前后组织过不少名家画手描绘岭南风采，他们跋山涉水，筹资谋划，耗心耗力，巨作大画接连不断，岭南风物深入人心，其间一景一物、一山一水的记录与创作无不饱含着艺术家们就家乡与生活的热爱。这次他又召集众多名家就客家山水与风物投入创作，更是充盈激情，力集精髓，把客家地区千百年来具有鲜明特色和绵长传统的地域文化尽情展现，一图舒览，面貌全窥，可亲可近，心驰神往。因而，《围龙风采》不仅是艺术的，又是地理的，还是文史的，更是情感的。

2019年12月

晓苏画佛　大和之境

画家赵晓苏，为人斯文淡定，笔下趣味横生，他围绕禅宗理念和传统水墨艺术而创作的水墨画作品表达出一种对生命意义的顿悟以及对人生态度的豁达。

赵晓苏有着传统文化根基，早年先获名师指点，后考入洛阳师院美术系接受系统专业训练，20世纪80年代开始创作漫画，将传统绘画技法融入漫画创作，让漫画体现出厚重的艺术感。他几十年潜心漫画创作，市井坊间、官员商贾、浮世杂绘在他笔下常于平淡处呈现出世情的洞见。他的漫画作品先后参加全国、省、市等各种美术大展，屡获奖项。特别是1992年，他摘下了被喻为“漫画奥林匹克大赛”的日本读卖国际漫画大赛最高奖（近藤日出造奖），这是从64个国家和地区参赛的13000件作品中评选出的第一名。

近年来，赵晓苏又以漫画技法进入水墨画的创作。他将漫画笔简意赅、巧思妙解的表达方式引入水墨创作，以通俗写意的笔墨创作了一系列禅意人物与花鸟，画作既注重巧思与意趣，又追求妙悟和神韵。他既研习佛学禅宗，又观察人生百态，并融入自身的学养与追求。画作虽世情洞察，却也不失雅致斯文，笔下瘦竹、古松、墨荷、苍石等静谧不失流韵，栖禽、鱼虫、幼冠、僧衲等动脱不忘敛神。尤其是他描绘最多的布袋和尚，随和淡泊、谐趣睿智，尽显大度包容与快乐达观。观赏他的画

壶中乾坤大

赵晓苏

作，常有一种宁静超脱的禅意，又有一种寓庄于谐的情趣，更有一种儒雅自然的气息。

《壶中乾坤大》一画，作者以果敢而又顿挫起伏、简洁而又富有张力的线条勾勒出布袋和尚的生动形象，以层次递变、笔触传神的墨彩描绘出衣袍的变化及杯壶的形态。布袋和尚笑口常开，大肚能容，一众杯壶也形态各异，百味其中，作者题画“壶中乾坤大，肚里好事多”点出物简意远、吉祥祈祷的意愿。作品轻松而清雅，禅意和古意、现实和虚构、举轻若重与举重若轻等意境交织，尽在不动声色中流露画面，生活情景与哲思禅意也和谐地融会，感染着观赏者。

作者认为心灵的和谐才是真正的和谐，他希望追随布袋和尚进入大和之境。我们也不妨在欣赏中获取佛学的教益与顿悟的乐趣，并如同作者题画之语“抛却心头不快事，人人都是开心佛”，去感悟晓苏画佛的大和之境。

2012年5月2日

沉雄博大　平实稳健
——陈章绩国画艺术欣赏

经历了20世纪30—50年代的战火与激情，50—70年代的动荡与梦想，峥嵘岁月中，在老一辈画家身上有着挥之不去的时代的痕迹。广州美术学院教授、硕士生导师陈章绩先生身上便具有这一时代的人所常有的质朴严谨。他谦和稳重、本分厚道的性情也在其画作中得到体现，其笔下绝无造作之态，绝无张扬之气，而是在平和的笔墨中彰显出沉静的高贵，在稳健的技法中流露出涵养的深厚。

早年经过学院系统严格训练的陈章绩，其作品中以体验生活为基础的现实主义创作方法是非常明显的。当年改造传统国画的倡导和热衷人物创作的风潮，使其在画作中自然融合了西方绘画和日本画法的特点，具有素描与透视的造型基础。而身处岭南的陈章绩在关山月、黎雄才等艺术大师的直接指导与影

东方既白

陈章绩

响下，对“艺术源于生活”的艺术理念也是非常信奉的，在早期人物画创作之余也逐步对花鸟、山水等题材进行了深入的研究。特别是他在1963年被派往中央美术学院研习国画花鸟，师从李苦禅、郭味蕖、田世光等艺术大师后，更是在艺术创作上打破了地域文化的局限，在岭南特色的基础上融入了许多传统文化笔墨的意味，在妍丽轻盈的岭南气息中多了一些北方的豪迈之气。其画风在扎实的写生基础和深远的艺术师承上得到了更为综合与多元的融会。

陈章绩从教一生，讷言内敛，从事艺术创作已有半个多世纪，带研究生也逾20年。教学与创作相随相生，他深入地研究了各种艺术理论、技法特点和思想流派的精粹，并在传统文化的浸淫中，有意识地练就了功力独具、挥洒自如的书法技艺。丰富的人生阅历与勤奋刻苦的修为，成就了陈章绩非常扎实和全面的艺术素养，酝酿出了不刻意而又沉厚博大、平实稳健的艺术特色。

《东方既白》一画是陈章绩教授的一幅力作，画中云海激荡，深广无边，意境非常开阔，观之令人心旷神怡、心胸豁达。画作的组织也非常富有内涵，事物不多，却又丰富统一。云海疏密相间、层层推进，喷薄而出的旭日是常见的鱼肚白色（落日才常常是橘红的）；远处的景象虽寥寥几笔，但却意象丰繁，似是群山，似有河流，抑或是幻化的云彩；色彩的处理上微黄泛红，红中带紫，远处交融的暖色调与近处云山淡青与深黛的冷色调既对比又递进；画中形体巨细疏密动静协调，脉络清晰，山有山的脉络，云有云的走向，充盈着一种律动的气韵节奏美感；山峦用笔简练而又丰富，突兀嶙峋的山石用笔用色粗重浓厚，隐约的远山则着色造型简约虚幻；空灵留白处一排翱翔的山鸟更增生机，而云层晕化处则尽得氤氲之妙；各种景象与意蕴的营造在浓淡干湿、粗细深浅、冷暖强弱等众多既对比又互补的关系中，尽显作者心思的周密和布局的周到。画作温婉平和而又雄强壮阔，既表现了作者豁达的胸襟，也寄予了东方既白，新的一天开始，大自然欣欣向荣的美好心境。

2009年12月

嘉年华女郎

——单柏钦艺术作品欣赏

旅加艺术家单柏钦教授每次回国都会携来令人耳目一新的艺术佳作，从钟馗三十六式、水浒一百零八好汉到羊城旧梦、南美风情以及邓丽君造像系列，无不丰赡厚重、满目珠玑，经得起岁月的回味，耐得住时间的咀嚼。他此前回国讲学带来的南美风情系列画作更是令观赏者击掌惊叹，使揣摩者回味无穷。

南美风情系列中众多“嘉年华女郎”服饰华美、艳彩斑斓、姿态狂放。性感撩人的桑巴女郎载歌载舞、惟妙惟肖，表现出南美国家人们热情奔放的性情与热爱生活的欢乐场面，由此也反映了作者强烈的浪漫主义精神。

《嘉年华女郎》之四中，作者以整体的色调把握和匠心的气氛营造，调动了观赏者愉悦的感官刺激。桑巴女郎逼真的神态、性感的衣饰以及丰富多彩的民族舞蹈道具，在茂密的背景映衬

嘉年华女郎

单柏钦

中摇曳多姿、风情万千，令人备受感染，仿如身临其境，在静止的画面感受到肌体的舞动，在无声的纸面听闻鼓乐的喧哗。画中笔墨的技法依然是传统的，色彩的气韵依然是中国的，但构成方式一经融入现代的意识与西方的元素，便呈现出浓郁的装饰意味与强烈的形式美感，视觉效果焕然一新。精准的笔触挥写与强烈的色彩晕染在层次变化中既对比又呼应，使容易流于浮躁的火红色调在作者娴熟的驾驭下趋于沉着，而且呈现出真实的物态质感。特别是渗入墨气的肌色传神地表现了桑巴女郎独特而健康的肤色。肌理交接处的留白看似漫不经心，却自然而然地表现出光影的效果。

作者年逾古稀，他用精熟的骨法用笔与无骨赋彩等技法，把中西艺术的精髓熔于一炉，年纪愈增作品愈为精细丰满，体现出作者对艺术的虔诚习练与对生活的热爱。我想，也只有像单柏钦教授这样漂泊海外多年，带着好奇的眼光在那片热土投入地生活并深入地感受与理解的人，才能捕捉和再现如此鲜活生动的异国情调，并在其中赋予发自内心的激情颂歌。

2010年7月13日

藏域放歌　抒写个性

——朱颂民西藏艺术创作欣赏

当一种笔墨语言无法完全诠释作者内心激荡的情感和艺术的表达时，作者没有理由不去寻找另一种新的模式或者语言来加以补充乃至代替。

因为一次偶然走进西藏的机会，朱颂民为那片壮阔神秘的大地所折服。多年来反复多次进出藏域，为寻找一种能表达内心激越感觉的新艺术形式而不断挑战自身体力、毅力与感悟力和创造力。那雪域的圣洁，台地的苍茫以及高原淳厚质朴的民风，也因为那天边瑰丽的色彩与光影……一切一切都让朱颂民亢奋而冲动。

冲动之余，朱颂民却发现以西藏山水入画不太普遍，特别是国画，完全没有成功的范例。因为这片地球之巅的土地是过往现代艺术难以涉足的天涯，是荡涤心灵的圣地，没有笔墨程式可借鉴，没有创作路径可遵循，一切都要靠自己去摸索、去创造。这将是一条披荆斩棘的探索之路，一条不可预知风险的艰辛之道，但朱颂民却义无反顾地踏上征程。

朱颂民放弃已惯于表现秀美温润岭南山水的技法，放弃山重水复、曲径通幽的传统组合构图，而是用粗犷的线条、泼辣的色墨与大胆的图式，直面西藏景观，紧跟内心感觉，力求呈现西藏真实的山情水性，表达出作者圆融神圣的虔诚心境。他坚信艺术应与时代同步，传统的笔墨程式也是从无到有的创造，而当这种程式不足以满足需要时，就要大胆去创造。所以，对于西藏的描绘与讴歌，朱颂民充盈着激越慷慨的情感，充盈着勃然喷发的才思，笔下恣肆的宣泄常常令人荡气回肠，呈现出一种阳刚之气和狂野之美。

对于藏域山水的表现，朱颂民还刻意强调一种壮美、一种力量。为了视觉上的强烈冲击，他常常借鉴西画的色彩表现，秉承传统笔墨的精髓融会贯通。他的画作尽管常常大胆泼色，但依然见线见皴，从而形成了独特的肌理与张力的强度。当然，并不是颜色越多越好，他认为如果用一种颜色可以解决表现的需要就坚决不要使用多种颜色。中国水墨画仅是黑与白便可演绎出万万千千的境象，所以越单纯的色彩形式感就越强，越简单的观感就越有丰富的意蕴，一切形式与方法的选择均应源于画作表达的需要。在简单中演绎丰富，在平凡中表现不平凡，这才是艺术的水平所在。所以朱颂民的画作往往描述的事物不多，却总是气象万千；往往景点的人与物是那样渺小，大自然却是那样雄浑博大。正是这种巨大的反差融注于画面，反映出作者辩证的思考，才容易引发观者不期的落差。

《瑞气乾坤》一画，朱颂民强调了一种松与重的对比，在仅有的红、黑、白三种颜色中，他不是采用白粉去表现云雪的景象，而是以朴素的留白体现单纯的形式与强烈的质地，主调的红色用得大胆而又夺目。其实红色是非常难以驾驭的，稍不适当就显俗气或者轻浮。为此，他从底色开始积染，最后才用大红朱磦来提点，于是丰富的色差变化与墨彩线条的皴擦交织形成了独特的肌理与强烈的观感；阴霾的云天与苍凉的雪山在留白中以积墨结合泼墨写就，丰澹的墨韵挥写出一种磅礴的气势；云涌雪覆中依然山脊尽染的景观是我们见所未见但又不可不信服的——因为在世界屋脊的西藏，山脊连天的莽莽群山有着高亢绝世的神奇。画作所表现的地球天际的恢宏壮丽与神秘奇妙相信会让观者与作者共同萌发出发自内心的景仰并有梦幻般的观感。

2010年5月6日

瑞气乾坤

朱颂民

茶马古道

——黄若初山水画艺术欣赏

乍看黄若初的画作，只觉气息雅致、古意盎然。细加品赏，又可见其中不乏现代艺术元素，充盈着一种时代美感。作为岭南老一辈书法名家黄子厚之子，成长于书香世家的黄若初，自幼便饱受诗书文化的熏陶，后又跟名师吴静山学画，打下扎实的传统艺术基础。后期，他到广州美术学院进修，接受系统的艺术训练，并用心研习关山月、黎雄才等岭南艺术大师之画风和艺术理念，注重博采众长并勤于深入大自然写生，在传统程式上注入了岭南画风的润泽与源于自然的鲜活。于是，黄若初的画作逐步呈现既古雅而又清新，既诗意悠然而又色彩强烈的独特面貌，传递出一种传统的古拙美和时代的装饰感，十分耐人寻味。

《茶马古道》一画中，黄若初大量运用线条与点擦的传统技

茶马古道

黄若初

法，并大胆使用丙烯等现代颜料，在具象的青山绿水中营造出一种对比鲜明又协调的构成关系。其书法线条稳健而又张扬，画水时起伏柔和，颇有流动意象；画山时刚直转折，表现出物象坚硬的质感。迭次的山体中，错落的山石块面与穿插掩映的树木相互交织呼应，营造出幽深高远的境界。画中氤氲的云烟，潺潺的溪流与环绕的栈道似乎是贯穿景物内外的纽带；雄奇的山体耸出画外，巍峨之中平添许多想象的空间；满载而归的驴队似乎蹄声嗒嗒，一种收获的声息隐约飘出画面，流露出愉悦的美感。

整幅画作于繁复中见严谨，于参差中见疏密，抒描结合，虚实相生，并将各种矛盾与对比的关系交代得井井有条。在饱满的构图中通过丰富的形象，描绘了富有生气的大自然景象，并对自然平淡的生活状态作了诗意的解读，鲜活之中泛出一种淡泊的文人气质和独特的审美情趣。

2011年4月25日

顽强的生命形象　壮丽的大漠精神

——季从南西北风情画作点评

季从南是中国美术家协会会员、甘肃西部书画院名誉院长，并获马来西亚、新加坡等国艺术院校荣誉教职。他一直从事艺术创作，毕业后在大西北生活了30多年，晚年定居广州。

季从南对大漠有着割舍不断的情怀，不时跑回西部采风，也因此，他常以胡杨林、骆驼等西部风物为画作题材，不吝笔墨对“胡杨树千年不死，死了千年不倒，倒了千年不腐”的赞颂，对“骆驼无千斤不载，无千里不行，一步一脚印”的歌咏。他的画作挟着风沙冰雪，驼铃牛羊、连绵的天山、苍茫的大漠、嶙峋的戈壁被描绘得庄重。他用画作热情讴歌古丝绸之路的璀璨和西部人民的奋斗史。

细品季从南的画作，可感受到许多耐人寻味的内涵。科班出身的他拥有扎实的功底，从其笔墨与线条韵致，可以体味到

黄胄速写人物入画的生动、吴作人笔墨写意的影子，隐约还有点黄宾虹的雄浑、齐白石的天真、傅抱石的狂放、潘天寿的刚劲、李可染的厚重，这都是他经年累月钻研形成的叠合。画面还透露出季从南的人生轨迹，江浙的灵秀、西北的豪放、岭南的温润都在画中自然流露而又天衣无缝。

众多内涵的积淀需要传神的表达，这源于画家对现实写生、诗化自然的融合。这其中，不得不提他的两件巨幅长卷——《丝绸古道万里图》（30米×1米）、《大漠魂·胡杨林》（11米×2米），很难想象是怎样一支如椽大笔，是何等的精气神、毅力，让画者专注其间，而且，彼时的他已过古稀之年！巨幅画作大气磅礴，笔墨遒劲朴实、自然超脱，意境乐观、精神昂扬，在对西部风情描述的同时，也反映了面对艰难的自然条件，当地群众乐观坚强与自强不息的风骨，这也正是支撑年长画者的创作之泉。

大漠魂·胡杨林

季从南

30米长的《丝绸古道万里图》，甫一面世即备受好评。画里画外，陪伴季从南西部跋涉的是那默默无语的骆驼，它们与他共熬酷暑、风餐露宿，骆驼那坚忍不拔、吃苦耐劳的精神品格也成了画家乐于抒写的形象。画家笔下的骆驼不管是卧是立，总是仰头挺胸、气定神闲，这既是大漠骆驼，也是画家心中的“骆驼精神”。

《大漠魂·胡杨林》一画，用既写实又浪漫的手法，表现茂密连绵、形态各异的胡杨。胡杨树绿叶萌发、生机盎然，树下水泊如镜、骆驼成群，一片生态悠然的诗意幻想。但其实古老大漠早已湖泊干涸，胡杨日渐委颓，于是作者以画笔描绘了心目中西部的世外桃源，表达作者对保护生态环境的呼唤，同时通过骆驼的坚强毅力与胡杨树顽强的生命力表达出作者对生命的思考与对自身生存意志的隐喻。

2012年9月

《觊觎图》赏析

一把竹椅，迈步而至的公鸡注目窥视，惊起欲离的蜻蜓振翅飞舞……这是著名花鸟画家陈兆康在湖南采风时，晨起在农家门前所见，趣致的小动物引发了作者勃然的思绪与创作的冲动。

古往今来，争名利、争地位、争身份、争尊卑，不也就是为了争一把交椅？一强一弱的动物，公鸡来了蜻蜓走，再有更强者来又如何？人类不也如此，来去匆匆，争与不争尽是滔滔历史长河之过客。几许村庄常见景物，一经融入作者对人生与历史的思辨，便演绎出无限的生活意趣。小景物大话题正是陈兆康笔下景观的灵性与寄托的情感所在。

《觊觎图》尽管题材平凡，但却意蕴深藏，充满着浓厚的生活气息，令观赏者倍感亲切。这其中离不开作者深厚的学识修养与高超的艺术技法。作者以大笔墨连勾带皴、笔墨相连；勾

觊觎图

陈兆康

勒公鸡脚爪时用焦墨大笔细线，显得苍劲有力；泼写公鸡躯体时则以浓墨破淡、淡墨破浓，呈现出不同部位及层次毛色茸亮的质感；公鸡正对画面，头冠神情凛然，意趣十分生动。竹椅以色融墨写就，虽然与浓黑的鸡身交叠，但枝节在浓淡变化中交代清晰，形体有所夸张但又协调自然。精笔细描的蜻蜓栩栩如生，与大笔泼写的公鸡对比鲜明。画面连接了几笔如沐晨风的淡竹，不仅过渡自然，还把画境进一步推深，层次更为丰富。

整幅画作形体大小、境物远近、色感冷暖、笔墨轻重，尽在呼应对比中有开有合，充满矛盾而又归于统一，并配以既耐人寻味又不失儒雅的题跋而更为情意盎然，表现出作者诗情画意、熔古铸今、博采南北画风的综合能力，引发了观赏者愈赏弥新的勃然兴致。

此文发表后，老友李弘以手机发来信息，照录如下："近期面壁多，日前拜读羊晚兄之画评，兆康为我多年朋友，略知其为人。画评不错，但也有商榷之处，觊觎为非分之想，实不可实现。画中竹椅仅是农夫座椅，公权微弗，但农夫暂离时，蜻蜓却不自量力觊觎其位欲一试威仪，受到公鸡的驱逐，反映了公鸡五德之忠。画中是说位不是谁都可坐，否则命都无咗。也与蚍蜉撼树异曲同工，商榷之处，共寻其意。"

2010年6月1日

《盼新年》，民俗而不甜俗

许多人对版画的认识还停留在黑白木刻的记忆中，其实当代版画已出现了多种新工具与新材料综合应用的新艺术形式。广州画院专业画家赵红雨的综合版画便常常令人耳目一新。

她摆脱了传统版画的成规，大胆运用各种硬性、软性的自然材料和人造材料，如树皮、麻绳、卡纸、墙纸、乳胶、塑形膏等，采用拼、贴、涂、刻、撕等灵活的技术，并重视各种肌理的巧妙展示，又使之融入画面的整体构成。表面的效果已不仅仅靠一刀一划刻制而成，而是注重形式材料的设计探索，采取一种非固定的程式，自由放松地表现出画面质感的丰富性和观感的趣味性，使作品具有深层传统样式的同时又有着艺术创造性的生发。

《盼新年》是赵红雨入选全国美展和获得广东省美展铜奖的一幅力作，该幅版画吸收了民间剪纸的趣味，把众多民俗物

盼新年

赵红雨

品和寓意吉祥的符号融入画作。一串串铜钱、元宝、如意结等吉祥物充盈画面；摇晃的灯笼、开心的财神像和趣致的卡通动物也隐现多姿；恭喜发财、万事如意、出入平安等祝福挥春更是散发出喜庆的气氛。

尤为引人注目的是画中戴帽、背书包、围围巾的小孩，小孩在众多新春饰品中拉出一串心爱的卡通饰物，那好奇的眼神、喜悦的表情，充满着憧憬的期待与天真的意趣，令人倍觉可爱。这幅既有着笔绘意味又不同于纸质绘画的版画，在半立体浮雕状的画面中突显出小孩脸部逼真嫩滑的肌理，这在凹凸平漏的版画印制中是很难做到的，体现出作者的匠心独运。

画作细致的物象动态，穿着的个性特征，不同道具与人物表情的内在强度，以及相对单调却能层次变换、块面穿插而又协调有序的色彩效果，使整幅版画呈现出肌理材料与思想形成的吻合，产生出一种妙不可言的观感，同时也拓展了版画语言的形成。画作虽然大量应用民俗的元素，但表现出来的却是质朴而不甜俗的感觉，洋溢着愉悦温暖的民族情调，呈现出新颖独特的艺术质感。

2010年3月25日

平实自然见天趣

——朱光荣艺术欣赏

观赏朱光荣的画作，常常有一种虚静闲逸的心绪油然而生，一种雍容自在的气度浮现眼前，还有一种说不清是儒家入世的奋发、道家出世的超脱抑或是佛家劝世的澄静充盈其间。正是这种特有的气质形成了朱光荣的艺术个性，也反映出其对传统国学精要的领悟，对自然生活的感受，以及对人生意义与艺术规律的思辨。

朱光荣不仅热衷于研究美术史，以史为鉴，还着力于佛、道、儒学等传统文化的理解，甚至对玄学也颇有涉猎。这种博学多思的智慧给予朱光荣以创作的指向、坚持的信心和人格的独立思考。他远学明清艺术大家陈老莲、任伯年，近学人物画名家王孟奇、陈钰铭，还得到艺术名家卢延光的悉心指导，并融合在广州美术学院科班系统训练的学养。转益多师，融汇古今，学而化之，并在自身性情取向中演绎出一幅幅直抒性灵而不流于时俗的画作。

朱光荣的艺术创作以人物画为主，表现的多为现代市井群体或古代贤哲隐逸，画作内容既相区别又有联系。现代人物画中他常用饱满的构图、焦点的透视，以线条和块面相结合、积墨与泼墨并用的方式，呈现出一种浑厚博大的精神。而古代人物画则以放笔直取的方式，不起图稿，形随笔走，运用散点构图自由组合，追求平淡天真、自然而然的意趣，呈现出浓郁的书卷气和盎然的古意。

龙吟

朱光荣

朱光荣认为艺术的高度不在于采用传统还是现实的题材，而在于作品所体现出来的精神含量，在于是否表现出前无古人、后无来者的独特面貌。

现阶段他尤为喜欢表现古代人物，因为画古人有一种距离产生的美感，有一种可望而不可即的理想向往，还有着作者旁观者清的把玩心态。至于现代人物画，则有待思想与技艺进一步成熟才考虑加大创作。综观美术史，他认为传统的养分挖掘深浅与自身的成就成正比。齐白石、吴昌硕、黄宾虹等大师就几乎前半生都在挖掘传统营养，后半生稍事变法便已成绩斐然，从少年到老年所有阅历学识的积累在大器晚成的熠熠光辉中依然可见步步根基。所以，他对自身的规划是55岁前深入学前人的经典，55岁后才跳出窠臼，充分向生活讨取营养，最终形成自身超然的面貌与独具的意趣。

《龙吟》是朱光荣的古代人物画近作。画面呈现的依然是世外桃源式的清幽雅逸，闲适的文人雅士于高山流水处品茗观瀑。有着唐宋之风的人物是心宽体胖式的阔面厚耳，衬以金箔纸为介质的底色，洋溢出一种雍容自在的气息。不同的神态、服饰，不同年龄、身份的人物塑造，在情节交代与情景交融中既有对比又丰富了画作的内涵。中锋勾勒人物的线条流畅而富有张力，侧锋皴擦山水的笔墨浮现出些许沧桑感，针叶寥然的树木枝丫与块面穿插的秃石山体则隐约流露出萧索的气息。萧索与沧桑有着一种未圆满有待成长改善的意味，也隐含着作者在淡雅闲逸（出世）的情怀中依然有奋发向上、不断进取（入世）的追求。整幅画作以线的勾勒为骨，以面的穿插构成，在平和自然中追求脱俗之美、人格之思和境界之逸，于人于景于情均一片和谐天趣。

2010年4月15日

潜心境界修为，追求艺术诗意

——刘诗东山水艺术创作赏析

刘诗东（亦名“思东”）在当今岭南画坛颇具知名度，乃中青年画家中之中流砥柱，其画作崇尚传统并借道于写生，画境立足诗意抒发又唯求潇洒自由。当然，生活于现代社会面对通达多元的世界艺术资讯，刘诗东在画作中也有意无意融入了时代审美的观感以及装饰意味的现代美感。正是这种环境的影响与着意的追求，在日积月累之中，刘诗东之画作也逐渐风格自显、个性自然，古意之中自有一种抒情与轻松的意味，也有一种地域与时代的烙印，同时营造出一种文人赏玩的趣味。

刘诗东在艺术创作上力求表现轻松与追求意境脱俗，但自诩为“画二代”的刘诗东在艺术创作中却不容轻松，因为其父刘济荣先生乃广州美术学院教授、岭南著名画家。作为名家之后，既有易被认识的光环，也有被赋予更多期待的压力。而刘济荣先生诗画书文均有修为，且艺术底蕴深厚，尤以表现西部风情的人物与动植物享誉业界。刘诗东自幼便在艺术世家中浸淫，特别是在美院大院内成长，耳濡目染各种艺术风格与表现形式，大学也是就读于广州美术学院。刘诗东选择了山水艺术的方向，虽然国画山水历来名家鼎盛，高山群立，要走出自己的路并不容易，但生性喜欢游山玩水、自由自在的刘诗东认为，山水更适合自己的性情，而且山水艺术是一条大道，是一条可以走得很远的艺术之路。

现已是院校艺术教授的刘诗东在日常授课之中乐于教学相长。通过备课与研习艺术史料，进一步梳理与归纳了自身艺术理念，通过与学生的碰撞与思考，艺术创作也从“生”走向“熟”，从“熟”走向“生”。他认为学生在学习上需要熟悉技艺，掌握理论，需要“入”，但他自身在艺术探索上却需要淡化理论的程式，需要“出”；学生技法虽生疏，但有“生气”，自身虽熟练，但容易产生“习气”。教学的过程，也是其艺术境界提炼的过程。

在不断积淀之中，刘诗东开始认识到传统文化在艺术创作中的分量与重要性，没有传统文化的基础，何谈传承，更没有创新可言，于是刘诗东开始投身到传统艺术的汪洋中去吸收养分。

刘诗东对传统艺术养分的吸收更多的是“意临”古画，而不乐于“对临”，他读画、读构图、读笔墨、读意蕴……他白天画画，晚上看书，并不时地练练书法；他特别推崇艺术大家黄宾虹，以研究与学习黄宾虹艺术为乐，甚至戏言自己是“宾虹之后”，以表志向。

刘诗东还认为，作画最重要的是画出一种气质，画出一种气场，他希望自己能画出清气与雅气，所以急不来，需要慢慢修为，因而他也非常注重写生。而刘诗东的写生不同于一般写

山水诗堂

刘诗东

实记录，他在写生中不断思考与完善笔墨的语言，从传统山水的笔墨关联中寻找写生的突破，努力把写生对象与笔墨痕迹相互隐匿，梳理提升，使二者处于若即若离的状态，呈现出一种别具一格的意蕴，也突显了自身的艺术语言特点。

在创作中，刘诗东认为自身的气质难以驾驭大山大水，他更喜欢在山水创作中表现一种文气与秀气，表现一种诗情画意的文人情怀，因而写生的景点他也喜欢选择南方的山山水水。边城、镇远、雁荡山就是他写生中常常出现的主题。

《山水诗堂》一画便是他在湘西写生的一景。虽是写生，但画作却显得技法娴熟，笔调轻松，时而飘逸时而概括的线条加上淡彩晕染与积墨皴擦。只见树木婆娑，山体隐现；近处亭台楼阁，垂柳如烟；江上游舫穿梭，影影绰绰；岸上有人打水操忙，有人赏景闲聊……丰富的画面层层叠叠，对比多变；婀娜的景色雅致生动，意境玄妙，观赏起来非常耐人寻味。

当然，刘诗东的山水艺术尽管可圈可点，但毕竟他还是“在路上”的中青年画家，是走在时代与传统融合路上的探索者。如果笔墨上重的地方再重一些，淡的地方再淡一些，把画境推到更深更远，把对比进一步强化与丰富，并把笔墨语言不断提炼与概括，便可形成自身特有的个性符号。不过，艺术的修为说来容易，驾驭起来却没那么简单，对刘诗东来说，这可不是可以一蹴而就的，需要其更为持之以恒的探索与修为。

刘诗东也清晰地认识到自己未来的路应是对历史的清晰认识，对前人的借鉴；对当今的了解，对自己的理解；以及对未来自身的艺术诉求与艺术走向有所预期，走出自己的路，从而迈向崇高的艺术理想。

2013年10月

微风吹过
——许玉玲艺术作品欣赏

一朵初绽的睡莲娇羞欲滴，几片漂浮的莲叶鲜嫩泽亮；微风吹过，吹皱一池清水，水涟荡漾，波光粼影中泛现不知是晨曦还是余晖的光影；莲梗下，似乎还有鱼儿游过的影迹……画虽静止，画面却充盈着动感；景物寥然，景致却幻现出万千风姿。一切都是那么自然、亲切而又美好。这是画家许玉玲在中国画创作中富有探索性和革新意义的作品——《微风吹过》。

画作澄亮的色彩、丰满的构图、强烈的形式美感和浓郁的装饰意味，令人眼前一亮，倍感清新。如果不细看画纸以及右下角的铃印，还会误以为是水粉或者水彩作品呢。其实，作为美术教育专业的画家，许玉玲在这里表现出勇于超越成规的胆识与教学相长的艺术探索，冲破了画种的束缚与媒材的藩篱，以高丽纸、传统的水墨和各种水溶性颜料（国画颜料、水彩颜料、水粉颜料）为媒材，借鉴西方近现代艺术的色彩表现和形式构成，糅合传统中国画抒情写意的手法，着力去表现她对生活的感悟和内心的审

微风吹过

许玉玲

美情感，并把对自然的美好感受和对生活的追求融入线条、色彩和笔墨之中，隐约呈现出作者细腻敏感而又委婉多思的文艺特质，也流露出画家注重生活情趣和追求唯美的心绪。

画作在传达出鲜活生活气息与时代审美风尚的同时，也表现出画家对艺术革新的诉求与对创作个性的探索。此画从题材、形式、媒质、技法等诸方面都有全新的尝试与独特个性，令观者深感耳目一新、别具意蕴。

2010年8月22日

春华秋实

——廖伟彪画作欣赏

线的勾勒、墨的晕染，无数相类同、相协调的景象交织重叠，在有限的画面中错影幻化出无限的意象，这就是廖伟彪画作的个性所在。《春华秋实》是古老瑶寨的题材，表现的却是作者千丝万缕编织而成的乡土情怀。生长于农村、生活在都市的廖伟彪对人生况味与岁月流逝有着复杂而矛盾的情感。乡村的淳朴宁静是如此亲切而又遥远，都市的喧嚣繁荣是如此骚动而又不可或缺。

如今，乡村的青壮年纷纷走向都市寻找新的生活，繁华都市的人们却常常深入农村寻觅心灵的慰藉。人生如梦，岁月如歌，画家的思绪开始混沌迷离，如梦似醒，笔下也就幻化多变，斑驳浮沉。事物的实在性与时空的寓意性在作者开阔的思维中无限扩张，演绎成一幅技法繁杂而不失美感，画面朴实而不落

春华秋实

廖伟彪

俗套的画作。

《春华秋实》中古旧的木排屋重重叠叠，迭次的石板路绵延隐约，漫步而来的小孩似是对未来成长的憧憬抑或是对逝去岁月的回忆，一串串挂起的玉米洋溢着收获季节的气息，还有那或茅檐、或院落、或窗台所点缀的翠绿花红，既丰富了画境的内涵又流露出别具的生机，金黄的主色调有着岁月沉淀的痕迹又代表着一种生活的期盼。

作者采用传统的线条、积墨和渲染的技法，糅合现代的构图、块面与透视的技巧，把画面挤满，把内容叠厚，把意境挖深，呈现出一种视觉的冲击与观感的震撼，在古老与现代、对立与统一的构成中显得形有尽而意无穷。

2010年2月

水乡长绿　青山鹰翔

——杨家聪及其画作

杨家聪喜以水乡、人物、雄鹰为题材，尤以描绘秀丽的水乡风景和矫健的雄鹰著称。欣赏他的画作，好比品赏一杯香醇美酒，阅读他的画作，好比聆听一曲清婉的乐章。杨家聪早在20世纪40年代就在广西的艺术学校攻读绘画艺术专业，打下了坚实的专业基础。中华人民共和国成立后，他便开始了长达28年的美术编辑和美术创作生涯，默默奉献着宝贵的青春。在40多年的艺术实践中，他努力钻研、创新不断，画作中西结合，功力深厚，并树立了“先专后精”的治学宗旨。

20世纪50年代杨家聪就已成为南国画坛著名画家，30年来创作了一批又一批作品，尤其是在水乡风情、鹰及边陲青山、少数民族的艺术表现上，更凝聚着其深深的情感，渗透出其孜孜不倦的探索精神。

画家笔下，《清风徐来》中竹根竹笋旁小憩的鸭群，《水乡放牧》中竹林丛里摆艇村妇的诗境，《渔家儿女》中渔村孩童在岸艇上嬉乐之趣，以及《绿映轻舟》《幽篁新居》《蕉林如海》等作，皆让人如沐乡风，如饮乡水。画家喜用淡墨淡青调子，装饰意境与严谨的写实手法相融合，细腻的刻画更透着细腻的乡土情感。

画家笔耕数十年，佳作频出，多才多艺。人们还很熟悉他那独领一隅的钢笔画及善写黎苗风情的水彩，如《采葵》《苗家女》《新娘》等，笔法细严，色彩绚丽且带典雅装饰，《新娘》因被澳大利亚藏家购藏，在海外以“杨家聪的新娘嫁澳大利亚”而成报刊佳话。近年画得一批雄鹰系列之作，如《海猎图》《风雨雄鹰》《壮志凌云》等，并创作了边陲青山的瑶、苗少女以及钟馗等人物形象的国画，其作品常见诸不少国内外的报刊，还被送选港澳地区，以及日本、泰国诸国参展，并为澳大利亚、意大利、日本等国人士收藏。出访突尼斯、日本诸国时，其作品也备受欢迎。

画家担任市美术界的领导职务，又曾长年从事美术编辑工作，接触过多层面的画家及其作品，扶掖了许多中青年画家，堪称画坛伯乐。作为一个画家，他最重视深入生活，一年到头常常下乡去写生、去体验生活，珠江三角洲一带，留下了他深深的脚印。近期他的水乡系列中国画，更把他的感情、学识、喜好、中西画功底以及他的心血，都凝聚于斯。水乡题材还有鹰及青山边民，是他创作的三大主题。他的文学诗作也修养颇高，“重调丹青日未斜”正是画家热情似火，再攀艺术新高度的自勉。

2001年，在时任广州山水画研究会会长黄云提议下，当时作为副会长的杨家聪连同其他副会长带领26名平均年龄超过60

岁的山水画家，从云南沾益县马雄山麓珠江源头开始，沿珠江流域所途经的云南、贵州、广西、广东、澳门等地，沿途3000多千米进行写生采风，将沿岸有代表性的景观纳入画作，历时三年，创作了长达91.5米的《锦绣珠江》长卷，该长卷壮丽恢宏、景象清新，全面展示了新时代珠江流域的新气象和新风采，增补了中国山水画中全面反映珠江写实题材的空白，圆了岭南几代山水画家的一个梦。画作展出，轰动一时，引起政府部门、学术机构、美术界、建筑界、地理界等各方面人士的关注，最终该画卷被广东省博物馆永久收藏。

近两年，黄云、杨家聪等画家又以饱满的激情继续创作了《广州百景图》,《美丽珠三角》也正在创作中。这些鸿篇巨制，形成史诗性的岭南风景美术“三部曲”。杨家聪虽年事已高，但依然意气风发，对美术创作孜孜不倦，这也许就是他“重调丹青日未斜”的写照吧。

2009年10月

寄情丹青展芳华

——翟美卿画作艺术初探兼评牡丹图

翟美卿是书画怡情的成功范例。她以前总觉得画家是天生的，小时候即便喜欢也不敢画，成年之后心里不时冒出应该画画的念头。一次偶然，她跟随老师忐忑不安地画出一朵花，从此便打开她心中艺术的闸门。

一开始没有师傅领进门，翟美卿就找图画来临摹，甚至干脆拿鲜花来对着描，拿烧绘在瓷盘里的花谱来对着描，毛笔不行就先用铅笔把结构、方向描下来，再试毛笔……竟画得有模有样。

她认为自己没有理由画不好。一次不行就两次，两次不行就无数次，哪怕画到80岁，相信总能画出好画作。就这样一路画着，一路进步着，一路画出了感觉。

牡丹国色天香，花开富贵。她每年都去洛阳看牡丹，结合对牡丹的理解与心中感受，投入写生，抛开顾虑，忘情地画眼

富贵满堂

翟美卿

前所见之花，画心中所感之花，画自己理解的“心花”。如今看她笔下的牡丹，色彩缤纷、姿态万千，总是祥和澄明，生机勃发，一种包容、奔放、开心的面貌焕然眼前。这是一种心境，更是一种突破。

翟美卿的画完全是一种美好情怀与生活感受宣泄表达的需要，因为有一种童趣，所以不拘一格，天真自由；她的画作没有太多条条框框，而是多临摹，多写生，然后随着心境的绽放而随机生发，抒写感悟，进而统筹协调，画虽率性却也不逾法度。其画作显得纯净梦幻，清新妍丽，虽然稍欠笔力，但笔下千姿百态，随心怒放，枝繁叶茂，有一种生机勃勃的气息，同时丰富的阅历又赋予她的画一种韧劲，人生饱历风雨，笔下依然一片澄明，这种画境是十分难能可贵的。

翟美卿认为自己是有天赋的，也自知少不了勤奋。她主动与画家交朋友，向他们学习，遇到问题就在交流中解决，在接触中顿悟，于是慢慢地有了方向、路径。一路走来，不断受到朋友与画家的好评，不经意间这些年结识了范曾、韩美林、冯远、许钦松、王书平、王绣、许固令、方土等名家，获益良多。

她终于自信起来了。结识许多画家之后，一来学得快，二来学得似，举一反三，触类旁通。一次香港的谭圣卓老师教她画了一个桃，第二天她就画出一棵桃树来。她说画桃比画牡丹容易，画完牡丹，便觉得画什么都容易学了。虽然认为自己能画出好画，但她没打算做一名“速成”画家，“交给时间吧”。

她说，一年不行，十年总可以办个画展吧，哪怕三十年才能画好，都会画下去，她为此订立长远的计划与目标。画到老，学到老，不停步，只会越来越进取。

2016年7月

魏晋风骨映岭南

——评张标魏碑书体艺术

清代包世臣在他的名著《艺舟双楫》中，称赞颜真卿的书法“如耕牛，稳实而利民用”，而现代岭南书坛中，我虽不敢以张标比拟颜真卿，但觉得张标的书法艺术也应是“稳实而利民用”的。

张标书法艺术出名较早，记得20世纪70年代便时闻其名，进入20世纪80年代，随着改革开放之风劲吹，羊城商铺林立，厂企众多，在闹市通衢，更是举目常见张标题写的招牌、对联和雅句。当时曾坐落在解放北路的“大北商场”的大招牌就是其杰作，该招牌每字有三米高，字体端庄，气魄宏大，甚受注目。张标书法深受民众欢迎，离不开其少有的魏晋书体所体现的独特艺术以及其为人处事的平和亲切。

张标10余岁便开始临习清代赵之谦的魏晋书体，后取《魏

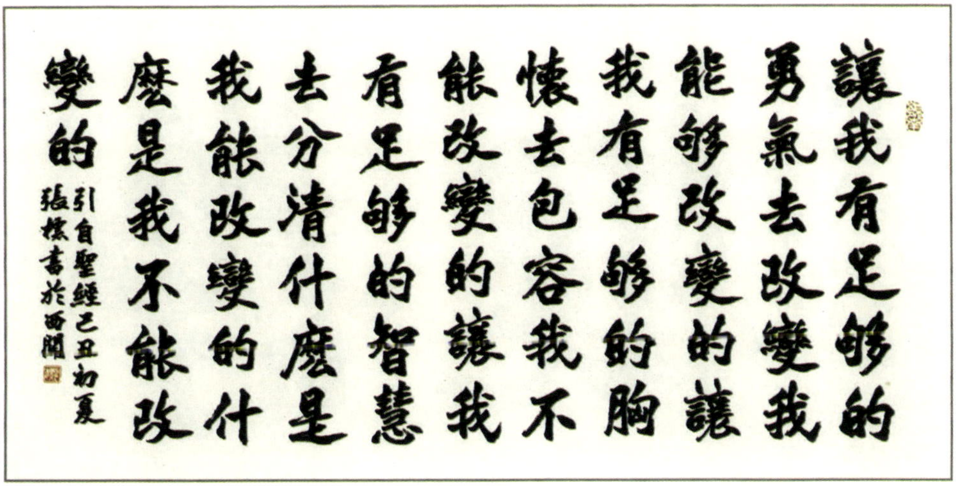

书法作品

张标

碑三种》和《龙门二十品》余韵。20世纪60年代，张标在广州文史夜学院修学书法篆刻专业，得到了麦华三、秦咢生等书法大师的悉心指导，练就一手好字。后期，其书法艺术受到广州市原副市长林西的赏识，故被调到广州文化公园从事书法美术工作。因为工作上的需要，其书法更为接近民众，使其成为市民所熟知的书法家。张标是资深的书法名家，现为中国书法家协会会员，广州市书法家协会顾问，曾任广东省书法家协会第一、第二届理事和广州市书法家协会副主席。他多次举办展览，书迹遍及中国粤港澳、日本，以及东南亚、北美等地。他的书法艺术既有魏书的刚劲，也有个人的柔和，刚柔并济，婉转圆润，气势飞跃而又浑厚，显得安详而又匀称，其笔其神，既袭大家风范又有个性创新，实属难得。已故著名书画鉴定家、书法家苏庚春评价其书法为岭表吴（子复）、麦（华三）、秦（咢

书法作品

张标

生）三大书派之后又一书体“张标魏碑体”。

张标热心社会文化艺术事业，曾组织和主持红棉书会，任红棉书会会长和少年书画艺术学校校长，而且按传统师承方式跟其学艺者也甚众，可谓桃李满天下。其学生中新秀辈出，如杜秉熹、麦晓东、黄其昌、严国应等都有一定的艺术造诣和知名度。

张标曾携十多名弟子举办艺术作品展，并推出《张标师生书法集》，不仅有提高大众审美之效能，更是从艺者陶冶性情、消闲遣兴之乐事，还应有张标老师扶掖后学之意吧。

2010年10月

书卷气　金石味

——梁晓庄书印鉴赏

梁晓庄以治印而著称于世，乃当今岭南印坛翘楚，其印学溯源于三代，于金文、砖瓦、诏版致力尤深。

其篆刻上崇尚传统文人清雅静穆之气韵，刀法和章法皆由此而衍化，特别是以草书笔断意连之笔意所刻之朱印，线条流动畅快，印风自然适意，遒润峻险中生面别开。

而其书法艺术则与印学一脉相承，先学吴昌硕，融篆隶于一体，圆熟精悍、刚柔并济；后又取法秦汉金文碑版，凝练遒劲、自出新意；并融汇个人追求自由闲逸与文雅自然的性情，其书风用笔挺劲雅逸，结体跌宕潇洒，内容多是淡泊闲逸之意。

整体上在秀丽处显苍劲，于流畅处见厚朴，帖情与碑意、书卷气与金石味熔于一炉，其心绪与追求也溢于书表，别有蕴藉，颇为耐人寻味。

2010年6月11日

皆大欢喜

梁晓庄

事如春梦了无痕

梁晓庄

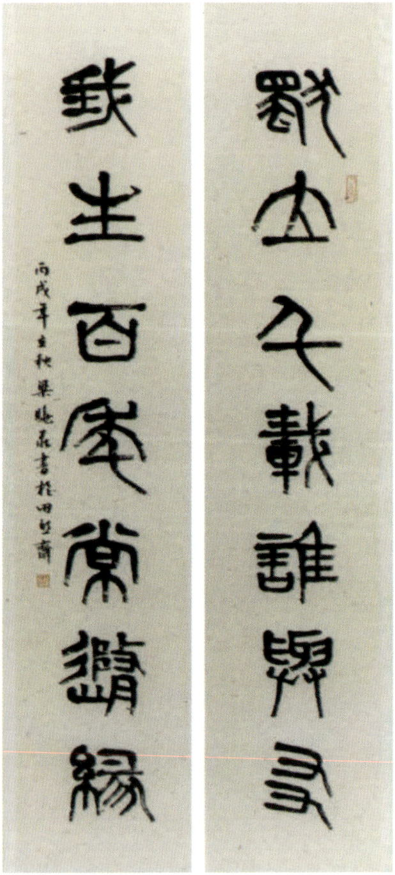

书法作品

梁晓庄

南国多情，草本常青

——写于《南国草本》创作及付梓之际

“夫春气发而百草生，正得秋而万宝成”，《庄子·庚桑楚》中的这一句，用在广州书画名家艺术促进会2020年组织创作与筹划出版的《南国草本》上似乎很贴题。2020年春天，由著名艺术家陈永锵先生倡导，画家刘思东先生组织执行，邀请当代岭南画坛近百名老中青画家围绕“南国草本”展开创作，为地方草植写照，为时代气质立传……

历时经年，深秋之际，近百幅各式各样、异彩纷呈的作品陆续交付，并由陈永锵、方楚雄、陈永康、招炽挺等名家主笔，邀众多画家合作的四幅八尺整纸巨作也以“春夏秋冬”为主题花团锦簇地呈现于世。虽纸本杂陈，却也花木丛生，百草斗葳，生机勃发，景色宜人；只见集众思而呈百貌，挥笔情而写墨意，四时风物，时光漫漶，情怀其间，惹人遐想。可谓南国有草木，

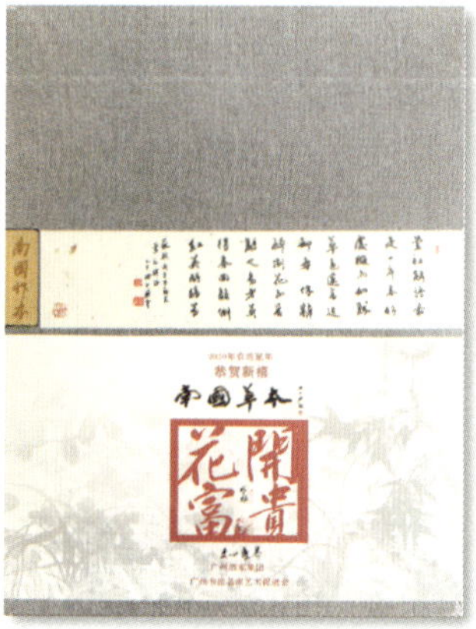

且吟风雅颂。

其实，岭南画人一直习惯于关注身边的花花草草，从岭南画派鼻祖居廉、居巢的大量画作到高剑父、高其峰、陈树人乃至关山月、黎雄才及之后的众多画家，作品中均不乏草木花植、园林绿树，并多有或以一木成名，或以一花致远者。这其中，既与花城四季如春、花植繁茂的地理环境有关，也与当地人热爱生活、包容务实的性情有关；在这里，不管是闹市通衢还是河畔林道，不管是马路区隔还是天桥扶栏，不管是公园草地还是家庭盆栽，遍植的，点缀的，举目可见尽是品类繁多、万紫千红的葳蕤草木。也许，正是这里的人们热爱生活，喜欢安逸，关注生态，不仅对自然生态的花草备加喜爱，就连花草题材的艺术品也普遍受欢迎，于是这里的画家对花草树木的热心关注与倾情描绘也就是自然而然的事了。

进一层说，岭南喜欢草本，除了装点环境、美化生活、养情怡性外，还因许多草本具有养生与药用的属性；除了调剂制药，岭南人在日常饮食中还习惯用一些具有保健功效的花草或煲汤或入肴用于调节身体，有如益母草活血、夏枯草清热、红棉花去湿等等；几乎每个家庭主妇的脑袋里都有着一套套各自不同的草本养生食谱，食得健康，食得满足，本身就是一种生活的哲学与美好的期许。所以对草本的青睐又多了一层从形式到内涵递进的实用性层面。

“野火烧不尽，春风吹又生”，再从其繁殖茂发、生命顽强的特性来看，草本虽然微小普遍，平凡朴实，但生命力却具有励志情愫。当年一首《小草》唱遍了大江南北，借用小草身上的品质，表现了平凡人的梦想与追求，以及乐观豁达的精神品格。对草本不同视觉与审美特性的观察，在历代文人墨客的作品中还得到抒写与讴歌，有如白居易的《赋得古原草送别》，李商隐的《晚晴》，张九龄的《感遇》，还有苏轼的《减字木兰花·莺初解语》等，无不借物言志，借物抒怀，或提振心志，或惹人情思。

本次《南国草本》的组织与实施，也是富有精神层面之意味的，因为“草”在绘画中更多的是充当配角，当将其单独作为主角来表现时，既有构图与观感等方面的难度，也是对作者表现技巧与创作能力的一种挑战：许多草本的形态是单调的，是不开花不惹目的，是难以从传统审美习惯上作为主角来表现的。但正是这种既有创作难度却深具精神品质的特性，才引发组织者迎难而上与倾注情感的热心。而且组织参与创作的画家本身就各具特性，既有老一辈，也有年富力强者，他们见识不一，性格各异。但是，当把名家与不同层次的画家整合在一个平台时，对年轻人就具有一种扶掖与帮助的意味，也是一种创作的鼓励与“草本精神”的培养。老中青同台表现也仿如一处美好的生态，花木茂盛，高低错落，虽有许多是小草或低矮植

岭南春开

岭南盛夏

岭南秋韵

岭南冬瑞

被，但也衬托、丰富并美化着这片热土。再者说，不分强弱，各展其能，也是一种机会平等之时代精神的体现。

需要特别说明的是，《南国草本》已是广州艺术促进会召集众多艺术家对本土风物的发掘与创作所组织策划的第四册了，从之前的《岭南佳果》《岭南树格》《南粤花格》到本次“草本”的选题，一年一册，历经四年，前后发动了广东数百名书画家参与，可说是少长咸集，群贤毕至，也激发了艺术家关注本土、热爱生活的精神，进而促使创作者与组织者对岭南的花植草木、地方风物进行深入归纳研究，为地方风貌与时代精神留下地域性、系统性、持续性与富有深远影响的艺术史料。

几年下来，组织者在构思、邀请、展览、编辑、出版等方面做了大量工作，其间辛勤劳累，耗心耗力，不计效益自然不在话下，但当他们看到一幅幅精品佳作的出现，一册册沉甸甸的艺术佳作结集，许多风土景物得以梳理提炼，获得许多人认可与共识时，便觉得是做了一些留得住、有意义的事情，自然也就身心舒畅，乐在其中。从某一层面来说，这也许就是一种敢于挑战的“草本”精神。

2020年1月

改画补笔之妙

广州寒夜，我和广州画院院长方土及画家宋陆京、韩志鸿诸先生相约于从化温泉雅聚御寒。当晚天冷酒热，谈古论今，几杯落怀之后，人酣兴浓，自然是拥技者手痒挥毫，陪侍者说三道四、漫议助兴。

志鸿兄首先举笔依墙上一条幅宣纸开笔，取意《芥子园画谱》居中绘就一奇石，石形巨且顶天立地，虽勾斫皴擦、瘦皱漏透，但纸幅逼窄，仅画一石味寡，辅以其他动植物则恐难以施展。志鸿兄似乎难以为继，于是请宋陆京老师补笔。

陆京兄略踌躇后，下笔迅疾地在画幅左上角石凹处挥写出两片兰叶，用笔劲挺，张力颇具，且兰叶同样于画幅留白处有限的空间居中而设，似乎再画难以舒展，不画则未尽其意仿如隔靴搔痒。不知是有意设难还是一时滞塞，陆京兄只能转而求助于方土兄补笔。方院长略皱眉头，意欲推却。我则从中鼓动，

得露

方土

又戴高帽又激将。

不得已方土兄认真审视了一下画作，笑意微张，应该是胸有成竹了，于是就着陆京兄之前的两片兰叶上往右再驳两笔，整株花势往右一拉，顿觉豁然开朗，因右上角有一定的留白，花形一转，不仅舒展自如，又显花姿婀娜，左上角拘谨之势也随之而破。方土兄驳上这两笔实是险中求胜，因为仅此两笔则是国画兰梅中颇忌的“×”之笔，但与之前陆京兄两笔接上后则呈现出画兰梅所喜见的“女”字之形，方土兄进而又补上几枪巧笑嫣然的兰茎与花瓣穿透交接，并在兰花根部处堆植高低错落、聚散相间的兰草嫩枝，使整株兰花顿时显得刚柔相济，飘逸雅致……

旁边静观的宋陆京忍不住一声叫好，随之也似乎成竹在胸地又举笔在右下角疾笔补上笔健墨酣的一些竹树，只见枝叶迎风摆动，生机勃勃，秀拙相生，表现出“破岩而出不惧凌霜傲雨”的精神，也与左上角的兰花互为呼应，互为映衬，十分生动。进而，方土兄又在岩石上补苔点、润墨气，使画面更融为一体，层次丰富。

于是，一幅布局奇特，处处设险又处处平衡，趣味横生的画作便呈现眼前，画作形与神、质与势兼备又浑然一体，气势豪放又秀逸其间，如不细看落款恐怕难以相信是合作之画，观者也从中深深体会到国画步步生发、相兼相容的艺术特色与深厚意蕴和改画补笔之妙，十分耐人寻味。

2013年2月

丰富而不繁杂，简约而不简单

——封伟民陶瓷艺术欣赏

中国陶瓷艺术大师封伟民是当今颇为值得关注的一位中坚陶塑名家。他的陶塑在传统的石湾公仔中走出了一条独具一格而又融合时代审美观的道路；陶艺之乡的熏陶，对佛山瓦脊公仔的喜爱，加上美院系统的学习以及个人求新求突破的不懈努力，使其作品虽是传统题材，但却没有老调陈腐之气，没有繁缛琐碎之感，换之是一种刻画丰富而不繁杂，表现简约而不简单；点、线、面融会协调，线条流畅而凝练大气，大块面与精衬饰对比丰富而又有机一体，釉色简时质朴素雅，繁时精致脱俗；作品既充盈生活气息又富有文化内涵，还呈现出一种富有装饰性的时代美感与中西结合的表现手法，这应与作者能书能画、能文能工的综合修养有关。

作为富有开阔视野与时代气息的年轻一代陶瓷艺术家，封伟民一方面紧扣石湾公仔传统艺术特色的主要元素，一方面又深入吸收传统文化艺术的营养，既深入学习老一辈石湾陶瓷艺人的陶塑技艺，又努力临摹与钻研历代艺术名家的作品，特别是对陈老莲、任伯年等艺术大家个性夸张的人物创作钟爱有加，同时，还到高校进修，接受系统的艺术培训，加上古今习俗与中西文化的滋养与影响，使封伟民的创作更注意融入时代的烙印与追求个性的意趣，表现出一种现代美术观念与传统陶瓷艺术的结合，达到一种既不泥古又遵循法度，既体现传统文化积淀又符合现代审美习惯的艺术效果。

封伟民的作品系列既有激扬的武将系列，又有娴静的仕女题材；更有充满禅意哲思的释儒道人物，形式多样，内容丰富。

以仕女为题材的陶瓷作品在陶艺界并不鲜见，但因向来审美的趋同，要创出个性风格并不容易。封伟民着意研究历代艺术名家对仕女题材的表现手法，特别是对陈老莲、任柏年等艺术大家人物创作的研习用功尤甚，从而打下扎实的绘画基础；然后把纯绘画元素融入传统石湾陶瓷的创作，并结合地方人物风情与时代审美习惯，创作出一系列富有地域人群特征与迎合时代美感的岭南仕女作品。

《金玉满堂》表现的就是民国年间岭南庭院中的景象。一位身着小凤仙衣裙的大家闺秀手执圆扇，侧身俯赏植荷养鱼的鱼缸……天井、鱼缸是岭南庭院中常见的风物，小凤仙衣饰也是民国时期岭南仕女常有的服饰。服饰器物的衬托，瞬间引发了观者对地域与时代形象的联想，也引发出对人物背景“大户人家”的联想。

而且作者从景物设置到表现形式都贯穿了简约写意的手法，仅有的一枝荷蕾含苞欲放，一种生命力隐含其间；缸中与植荷互为衬托的两条金鱼，在增加动感的同时，也以谐音“金

精卫

封伟民

玉”与富有吉祥意蕴的荷花表达出一种吉祥美好的祝愿，“金玉满堂”由此点题。

半长袖的衣饰与欲绽未绽的荷蕾还从另一层面交代出初夏时光的季节背景；尽管作品景物寥然，但内涵意蕴却环环相扣，十分耐人寻味。此外，作者从创作手法上也个性独具，从人物造型到衣纹表现，以几条简约的交接线便把人物结构与动态交代清楚；发型也摒弃传统纹路繁复的手法，而是以大块面来处理，与脸部表情精致的刻画形成鲜明的对比；同时脸型适度的夸张以及拉长的鼻梁，既突出了装饰性，也形成了个性特征，减少了工艺味；其一反过往堆砌繁缛的石湾陶艺表现手法，令人耳目一新，颇富时代感。

再看武将系列陶塑。通过动态设计、战袍处理、盔甲塑造，突出了线与型的把握，摒弃传统内敛厚实的风格，代之以张扬、雄迈、飘逸的造型；至于释儒道人物，作者则惯于用以简胜繁的处理手法。通过灰黄陶土塑造文化意境与道观禅意，并寄情于所表现的佛道儒思想者形象，将自身内向善思的习性寓意其中。

作品刻画丰富而不繁杂，塑造简练而不简单，创作上既注重点、线、面艺术语言的对比，又注意陈列性需要的局部精致刻画，并从形体塑造到釉色搭配以及泥巴味把玩与思想意境的融会，力图以现代塑造手法及审美观念在传统题材中开拓出石湾陶塑创作的新思路，并呈现出强烈的视觉冲击力与独特的个性风格。

说实在的，我颇为喜欢封氏这些融民间、学院与不同形态艺术养分于一体的陶艺作品，这些既有传统文化底蕴、具有扎实陶艺基础又融入时代审美情怀的作品，不管摆饰于任何风格场所都会协调自然，增色不少。

尤其赏心悦目的是他创作的《精卫》。精卫填海的故事凄美感人，相传精卫是炎帝神农氏小女儿，名叫女娃，后溺于东海，化为精卫鸟，精卫鸟于山上衔来木石，投入水中，欲填平东海……从这尊作品可以看出作者在以往雄健、禅意、高傲、娴静等不同作品神态上又有了新的奇特构思，只见精卫那优雅的身姿倾侧婀娜，青春活力的胴体在单薄素雅的服饰下若隐若现，少女神情幽怨而坚毅，托起的石块在纤柔的玉指间仿佛就要扔下，一队精卫鸟振翅追随、勇迎风浪，从随风飘扬的秀发间飘洒而下的花饰穿插点缀，并与少女精卫脚下翻腾的浪潮与云朵所幻化出多彩的色块呼应对比，连成一体……整尊作品飘逸灵动，内涵丰富，形态优美，气韵生动，栩栩如生，创作手法既变化又统一，既大气又不失个性，实在令观赏者流连忘返，爱不释手。

作者这次的创作与以往的风格有些不同，作品跳脱出了对石湾陶艺的固有印象，运用了写实的雕塑手法、装饰手法以及浪漫主义造型，但在局部的表现与用色上，坚持了我们熟悉的传统的东西，而且在视觉审美上不会让人觉得有冲突，最终达到了互相映衬与和谐。所以，我们在这个作品上，看到了更多的艺术手法探索与更好的融合，这为石湾陶艺创作的多样性与可能性创造了条件，提出了思路，是一种有益及大胆的尝试。

据说作者在此作品创作中几易其稿，初作为突显纯洁与神圣而没有着衣，后考虑到含蓄习惯与雅俗共赏以及色调对比等因素而补上衣衫，而且几次烧为成品后因对发型与釉色等再做提升而重新调整烧制，精益求精，作者对艺术的执着与匠心由此可见一斑。

2013年5月

金玉满堂

封伟民

第二章

艺术风范篇

如果说作品风格篇着眼于对作品气质解读的话，那么艺术风范篇则注重在艺术家们不同的艺术观念和生平与三观上去落笔。35篇文章所介绍的艺术家，有古今融汇的变通者，有与古为伴的守望者，有中西合璧的实验者，有百试新法的拓荒者……作者以谈艺录的形式，记录了艺术家们各自的艺术观点、探索路径、人生经历，比如陈永锵的真诚论、潘柏林的传神论、刘思东的佛性童心说、羊草的“三意”观等等，其中还穿插了艺术家们鲜为人知的奇闻逸事，让读者在畅达的阅读体验中一窥艺术家作品风格形成的核心驱动力与底层逻辑。

林墉：广东省潮州市人，1966年毕业于广州美术学院中国画系。专画人物，十分兴趣。偶作花鸟，点缀而已。40岁前时有巨幅问世，多作历史画，有素描功夫。40岁后多作抒情小品，亦制人体画，自信唯美写实。一直想把水墨与重彩结合起来，一直想把前辈与外人的特长融合起来，自己却是迷醉于线的张扬，更兼热恋色彩的组合。几十年来固守南粤潮汕、珠江两大平原，沉溺于水乡海滩景色，未登名山、未涉高原。画集文集40本有余，良师益友10人有多。

林墉：我的优点就是跟得上老百姓

曾经以人物画驰誉中外画坛的林老先生，花甲之年后一场重病记忆几乎丧失，画技几乎忘却。但是，20年来，他一丝一缕找回来，一笔一划找回来，艺术风采依然，生性谐趣依然，依然如此真性情，依然如此哲思妙想。这其中，看似不经意，但却有着多少揪心翘首，有着多少艰辛难熬，有着多少超人的毅力与过人的勇气和豁达的大智慧……常人尚难做到的事情这位80岁的老先生做到了，许多自在的名家达不到的再创艺术境界，这位深居简出的老艺术家达到了。他本来可以凭他所容易驾驭的人物画继续征服观赏者，但他却偏偏要选择大山大水，选择大笔大墨，纵横捭阖，情感喷发。看似率意，但笔笔经意，看似抽象，但境物真切，看似随心所欲，但无不法度森严，看似轻描淡写，但无不笔墨酣畅。这里面既是传统的也是时代的，既是艺术的也是老先生自己的，可以说是时代的强音与作者的自信。林墉先生，广东美术史、中国美术史不可或缺的一位画者，也是当下文化自信的一种印证。

问林墉先生为什么暮年选择大山水为主要题材，林老先生说，他以前画人物，在人物方面下了一些功夫，也得到了一定的认可，花鸟也有画，到50岁后，感觉不能再停留在自己熟悉的领域了，便开始跳过来画山水，乃至最近20多年沉浸画山水，基本停止画人物了。其实他老早就有想法，想在壮年时期画人物，年纪大些才开始画山水，这并非是说山水容易画，而是他观摩许多如黄宾虹等前辈的山水画，越看越觉得画山水不容易，不敢轻易提笔，总觉得要等年纪大了才能画好山水。

山高水远，人眼不能看穿不能看透，无形可循，大山大水要落在尺牍之间，难度大。所以画山水是一种人与山水的对话，是心中的山心中的水。于是就跟着心灵的炽热去画山水，他的心现在仍继续热烈着、跳动着，心里总有些新的想法，所以他就会继续画下去，画以前想画而不敢画的山水。

山水是一个古老的题材，但山水却永葆青春。林墉先生说他虽然人老了，但心却依然有激情，所以心仍有追求，画也就不会老。你看黄宾虹的画，人老而画不老，画到死都是年轻的艺术，有生命的艺术；你看赖少其的画，他对黄山太熟悉了，他笔下的山那才叫真的山。中国画，看的山画的山都是各自心窝里理解的山。每个人看的山都不一样，说明天地好宽好大；而且同一画家画同一座山，今年与明年画的都不一样，说明心境也好宽好大。所以除了看大自然的山水，还要看心里的山水，不只停留在真实的山水，有生命意识的山水才是不老的山水。

山水

林墉

在看待艺术生命力的问题上，林墉先生认为，这是站的角度不同而已。许多画家的作品，几十年前的，几百年前的，现在提起来还是那么感动人，正是他们有一批作品从形式到题材与内涵依然青春。不同的人不同的经历在画面上反映出来都是不一样的。艺术的生命力不在于老或者年轻，而在于好，大家看了感动、看了高兴、看了难忘，如此而已。传统与创新也没有什么可说的，老与新都没关系，用心画，画好就行。

林墉先生的太太苏华老师说林墉一把年纪了，本来人物小品是最拿手的，但他偏偏要画不容易的，要向难而画，就是这种倔性子。林墉先生说挑战自己才是真个性，唯真唯一，继续向前。本来这身体这岁数了，也可以不再画画的，但不画不行，能吃能动就要画起来，而且想画得更好，但做起来却很难。艺术的东西很神奇，要么过去了，要么瞬间冒出来了，所以他只能慢慢画，一笔一划，一旦完成，事情也就结束了。

每一次创作都需要新的感动，有时候好的作品出来以后（感觉）就再也出不来了，好的构思有时偶然冒一下头，但来了就来了，没有也就没有了。有人以为艺术家很容易，但没看到艺术家背后挨了多少苦，磨了多少时间，才磨出那么一点能叫好的。画画确实有难度，有时一阶段都画不来，画了也不好看，其实就是心中没有生活没有感动。有人以为艺术很空，其实画都在生活里头，在生活中积累，在心里头积累，在积累与心灵的跳动中才有东西冒出来，才能把它用起来。但这里面天才难得，灵感不是重复一次又一次，一次出现抓住了就永远不会忘掉，就成了经典。但要有天分才能抓得住，没天才就差很远了。

林墉先生说他的创作也没有什么具体想法，可能今天这样画，明天就不这样画了，一直在变动中，隔一段时间看就发现波动很大。他说，激动了，就这样画了。可有时候，激动也画不好画，越画不好画就越想画，越画越多，天天都想把画画好，但经常没画好，一辈子用坏了很多纸。他说有的画开始看起来很好，可半年后就觉得不好了，一年后连提都不想提；有的画过十年八年后看起来不错，但再看，好的也不多。正是不断地认可与否定，他的画风才在不断波动中，所以艺术家画风出现变化是有的，变得好的就被人津津乐道了，变不好的就被人忘了，这就是所谓的“变法”。心在波动，画就在变动，其实“变法”也是别人写的，跟自己没关系，每个人的画在变化正常，但不等于越变越好，比如潘天寿，其画风中间也有许多变动，但只是晚年才变得好。

“衰年变法”是美好的故事。林墉先生说也不要再编艺术家的故事了，越画越神是真的，越讲越神是假的，每个人都有自己的痛处。他现在享受乱画，没有什么该与不该，现在画得最过瘾的是黑白。有人认为名家就可以乱画，但真的就这样轻

无题

林墉

新娘

林墉

松吗？“轻松不了，看起来的轻松其实是故作轻松。”林墉先生一批大画每幅都是五张八尺见方的纸拼成的，得爬凳子与卧地板上画，但画完看起来好像没怎么画似的，好像本来就这样子，这不是故作轻松吗？黑白也是装成连颜色都不要了，但看不到颜色就感受不到颜色了吗？画作看似轻松自然的意境背后，画家的功夫与压力又有多少人能读懂？

林墉先生喜欢聊天、讲笑话，常常把真的笑语和假的笑话混在一起。他说，看画不要停留在表面，还要看底下蕴含什么，画树画山还在画心呢，画出心里的热烈与动情，画出心里储藏多了需要喷发出来的东西，他一辈子都是坚持这样的创作思路。“我的画不是越来越深刻，不是越来越宏大，也不是返璞归真，归真并不容易，”林墉先生说，“我就是个老百姓，一辈子跟老百姓在一起，一样会哭一样会笑，我的画作的优点就是跟得上老百姓的喜好。”

这不是笑话。

2018年5月

方楚雄：1950年生于广东省汕头市。现为广州美术学院中国画学院教授、硕士研究生导师。中国美术家协会会员、中国画学会常务理事、中央文史研究馆书画院研究员，广东省人民政府文史研究馆馆员，广东省中国画学会副会长，享受国务院政府特殊津贴专家。

1997年被中国文学艺术界联合会、中国美术家协会评为1997中国画坛百杰。2004年获中国艺术研究院黄宾虹奖及广东省南粤优秀教师奖。2010年荣获广东省精神文明建设先进工作者称号，广州美术学院德艺双馨杰出教师奖、教学科研创作突出成果奖。2011年荣获广东省高等学校教学名师奖。

方楚雄：作品靠炒作是没有生命力的

方楚雄先生的爱好就是画画，四五岁时用木炭在地上涂涂画画，后来用粉笔，再改用铅笔，一直画个不停，表现出炽热的爱好与过人的天赋。他被打动的第一本画册叫《齐白石老公公的画》，很薄的画册里有小鸡、小鸭、松鼠等小动物，很惹人喜爱。跟第一位老师王兰若学画很开心，他想学什么，老师就示范什么，然后拿回家中反复临摹，再找老师批改，正是这长期的锻炼成就了日后多面手的方楚雄。

20世纪50年代末，王兰若老师被错划成右派，方楚雄还常带画作请老师指教，给老师以慰藉，直到老师下放到英德劳动。

后来，他又认识了刘昌潮老师。刘昌潮笔墨格调很高，梅、兰、竹、菊水墨淋漓，苍劲潇洒，方楚雄随刘昌潮学画几年后，笔墨功夫又提高了许多。年仅八九岁，已有很多作品参展和入选国际儿童画，在德国、日本、匈牙利等国家展出。1962年，住在汕头外马路的方楚雄无意间看到一个熟悉的身影，那不是日思夜想的王兰若老师吗？他跑下楼追了上去。原来王兰若老师真的回来了，方楚雄得以再次跟着王兰若老师学画了。当年王老师的画很受欢迎，新马泰的许多藏家会订购王老师的画，所以方楚雄也得以大量临习老师的原作。许多画老师刚画完他便借回家临习，故此至今方楚雄仍留下许多当年临摹老师作品的画稿。

随着“文化大革命”开始，方楚雄便留在家里画画，闲来锻炼健身。热血的他还在这期间参加了串联，从汕头步行至福建、上海半个多月，饱览河山风物，到上海时“文化大革命”已结束。

高中毕业后，方楚雄当了工人，经常被外调去画画，最终进入广州美院学习。在美院，人物写生老师杨之光对方楚雄造型能力的提高帮助很大。方楚雄以前学的是海派技法，现在则从素描写生重新学起，使得绘画基础更为丰富扎实。在美院，跟黎雄才老师学山水画，跟陈金章老师学写生，跟王肇民先生师学色彩，眼界不断开阔，基础不断夯实，从师徒式到学院派，方楚雄得到了全面系统的训练。

此外，特别要提及林墉和林丰俗二位学长，林墉为方楚雄写过几篇文章，肯定了方楚雄艺术上的探索，说，“人生本来时时带着苦辣味，并也伤痕累累，善良的艺术家总不愿再撒上一把盐”，还说，“方楚雄作画，能如他快者，莫如他精；能如他精者，莫如他博；能如他博者，莫如他谦；能如他谦者，莫

斑马和长颈鹿

方楚雄

如他灵，如是状态可酣战”。林丰俗乃谦谦君子，学识修养甚高，他的艺术观念对年青学子很有影响，那个年代出版物奇缺，远在怀集县的林丰俗看到李可染画语录，嘱咐夫人分多次抄录寄给方楚雄，至今方楚雄一直心怀感激。

这段时期，方楚雄山水、人物、花鸟均有涉及，杨之光想让方楚雄留校教人物画，但方楚雄从小就喜欢花鸟画，而当时广美最缺的就是花鸟专业教师。正因如此，1978年方楚雄毕业留校后便被学校派去北京、天津等地游学，一起同行的还有在读研究生的陈永锵。

在几个月的游学中，他们逐个拜访、请教李苦禅、李可染、王雪涛、崔子范、田世光、孙其峰、阿老、许麟庐等等名家。因为当时借住中央工艺美院学生宿舍，因此黄胄先生的课，他们也多有聆听。在天津美院，他们被安排到工作室学习，老师不单教他们画画、书法、篆刻，还教他们很多辩证的教学思想与艺术规律……

方楚雄最大的特点就是非常勤奋。五六岁时出麻疹发烧，奶奶照看他卧床休息，但是他趁奶奶不留神，爬下床又画了起来。他总是笔不离手。一次国庆和朋友到贵州采风，因为游客爆满，在等位吃饭的时间他又画了一张水墨写生。

一个人的成功与他的学习过程以及经历息息相关，艺术也一样，作者的阅历、修养、感悟总会在作品中体现出来，想在艺术上表现出更加深厚些，就需要多一些经历和锤炼。方楚雄去过敦煌、永乐宫、龙门石窟，临摹、写生了大量作品，古代绘画色彩、佛教造型艺术，都在他后来的创作中留下了痕迹。所以方楚雄在教学中一直要求学生读万卷书行万里路，强调体验生活的重要性，并带学生对着自然景物写生，在作品中流露出浓浓的生活气息。方楚雄从教40多年来，可谓桃李芬芳，许多学生都已成了当今艺坛的中坚力量。他因材施教，善于发现人的气质特点、性情爱好，发挥其个性加以引导，并不强求与自己一致。他说："教学重要的是教规律，教规矩法度，教学生一条可以持续发展的正道。"因而他的学生有多种风格，比如写意的有许敦平、杜宁等，兼工带写的有许晓彬、卓愿等，工笔的有罗玉鑫、翁毓衔等，他都强调要有生活的感受与心灵的流露以及个人的风格。

方老师有一双善于发现美的眼睛，每到一处，他时常会不经意地谈起眼前景物如何构图，树木花草如何入画。有时还会不自觉地去触摸一下，感受其质感，思考怎样表现……说着谈着，一幅画作的形象已鲜活地呈现于脑际。

方楚雄的艺术还影响到家人，弟弟妹妹都是大学教授，侄儿是国家画院专业画家，而他的老父亲，80多岁也专心练起书法，这就是艺术齐家的魅力！

贵阳青岩古镇

方楚雄

总体而言，方楚雄有坚实而全面的绘画功底，他受过传统国画和学院写实造型两方面的艺术训练。他的作品中有写实绘画的具体与生动，有写意文人的飘逸与潇洒；有来自生活的质朴与自然、乡土气息，更有来自他个性的平实和俊秀；具有清新高雅的艺术格调。他坦言，艺术既要有传统底蕴，也要有时代气息，还要有自己的个性面貌。有难度的作品才耐人寻味，一招鲜，太容易，违背共性的所谓个性也不能长久。中国画发展了上千年，是有它的规律、共识与规范的，因此创新不能做无根之木，无源之水。他认为，艺术家追求的个性，应该是自然而然，水到渠成的。

方楚雄被认为是花鸟画题材涉猎最广的画家，特别是在动物方面。此前他去东非肯尼亚马赛马拉大草原，感受野生动物大迁徙的壮观场面，回来创作了长颈鹿、角马、斑马等新题材。不同题材可能会促使表现技法和艺术风格产生变化，但必须有生活感受与真情实感。

他认为，能与观众产生共鸣的才是好画，艺术品没能对社会与大众产生影响就没有意义，“作品靠炒作是没有生命力的。经典永流传，真作品或许一时不被认可，但总能经过历史的洗礼而终被流传下来”。这正是方楚雄孜孜以求的。

2019年6月

陈永锵：广东南海西樵人，1948年生于广州，1981年毕业于广州美术学院国画系研究生班，获文学硕士学位。

现为中国画学会副会长、广东省中国画学会会长、中国艺术研究院美术创作研究员、中国国家画院研究员、岭南画派纪念馆名誉馆长、广州美术学院客座教授，国家一级美术师、享受国务院特殊津贴专家。

1973年以来，作品历次入选全国美展，70多次在国内外举办个人画展。代表作品入编《中国当代美术全集》，被国务院办公厅、北京人民大会堂、陕西历史博物馆、广东美术馆等收藏。

我所认识的陈永锵

“陈永锵不怎么样，他也觉得自己不怎么样，但谁也不能拿他怎么样，因为陈永锵一直还是陈永锵。”当画家陈永锵（锵哥）忆起艺术名家林丰俗老师生前说过的这段话时，有点唏嘘，他说自己确实“不怎么样，就这么个样”。一辈子忘情地喜欢画画，画画成了他主要的生活方式，甚至是生命的形态。只是说到林丰俗老师，却不禁令多愁善感的他颇为感伤，他随口引用鲁迅一句“忍看朋辈成新鬼”后又说起“故人如秋叶”，神色黯然。

陈永锵自幼酷爱绘画。7岁时，父亲为他买了一本《齐白石老公公的画》，他由衷地喜欢上了这位可爱可敬的老人，那画册是1955年出版的，他至今记忆犹新，就连封面都能记起。两年前，终于有朋友依照他描述的封面，在东北的延边市找到了这册图书！后来说起这事，才知道还有画家方楚雄、庄小尖也有这册书，收藏至今。艺术家的喜好往往有共通之处。

小时候的陈永锵就这样对着画册画画，直到14岁时父亲带他拜见画家梁占峰，梁老师让他即席画了三条金鱼，看后说“这孩子，灵”，这才开始有了老师的指导。13岁那年，他还画了一幅小画《群鸡出笼》送给他初中一年级的老师许炽，画面小鸡出笼，互抢蚯蚓，一片稚气童真，已可看出少年陈永锵的艺术天赋。

50多年后，这幅一直被珍藏、完整无缺的画由许家送回给他时，陈永锵十分开心，深感师恩如父如山。

陈永锵生性随和率性，他说父亲教给了他善良，母亲教给了他坚强，他总爱引用“立志不随流俗转，留心学到古人难”这副古联教导他的学生，他认为能体会朋友的“难”才是知己。也正是因为这样的生性，所以陈永锵一辈子有了许多恩人和朋友。他对有恩于他和支持他的人一直感恩在心。往事并不如烟。

锵哥除了在绘画上是“熟手技工”之外，还是勤于思考人生的“思想者”。他的孙子曾和他探讨的三个问题，分别是：“人是什么？人生有意义吗？艺术是什么？”看似简单，却是宏大的哲学命题。对此锵哥是如何思考的呢？

锵哥认为，人的本能在于生存与繁衍。人有个体与整体之分，个体生命是暂时的，来于偶然去于必然，但整体生命却是生生不息的，有着物种部落的生存繁衍与延续进化的使命。除此之外，人生的意义是自己赋予的，如不赋予就毫无意义。即人的意义和价值在于为自己赋予一些价值观之类的思想理念，

辉煌

陈永锵

抒发自己的感情，如果没有感情、没有思想，所谓的超然物外，虽有生命特征，但早已不是人了。

语言产生交流，交流形成关系，这是社会关系之始。有了社会关系就有社会规则，人的行为喜好可以有区别、可以有共鸣，但要符合正确的价值观，不能为满足一己私欲而损害他人。人可以抒发自己的感情，但也要考虑别人的感受，这是理性，没有自我管束的感情会变成洪水猛兽。

野性在不损害社会时可视为一种自然美，有如大自然气息。但人必须回归理性，按人的意义去行为，虽然艺术崇尚感性，但伟大的文艺作品都充盈着深刻的人性与崇高的人格。

至于生存，首先是要养活自己并创造价值。回到画家职业来说，绘画最初追求的并不是商品价值，而是艺术价值，是画家为了抒发感情，为了满足有感而发“最大化价值”的表达，创作最享受的是自己，最大的受众也是自己。只是有表达就有交流，有交流就会有共鸣，有共鸣就会有需要，就会有社会形态和社会责任的产生，再加上一些分享的需要，又使艺术品逐渐变成商品。商品最本质的是市场需要与供给形成，艺术品也就有了商品价值。

艺术品可以是“面包”，但不一定是“面包”；可以是硬通货，但不一定是硬通货。艺术家创作之初不应考虑别人是否喜欢，以此来创作就不真实和庸俗，就失去了艺术的初心。艺术家不必非得为所谓真理但一定要为真诚而创作，能坚持住这个基点，则艺术的价值体现即使不在当下也会在将来衍生出价值来。

锵哥说画家不是培养出来的，而是历练出来的。佛家说“万法皆空，因果不虚”。有因未必有果，有果必然有因，人如是，艺术家如是。人生未必一帆风顺，遇到挫折时，应沉思的

为我喝彩

陈永锵

是自己的问题，人这一辈子要做好的一件事，就是发现自己、研究自己、开发自己、管理自己、成就自己，这才是聪明人。他平时也喜欢看看书，家里藏书逾万册，但他却感叹“平生有负是藏书”“饮余有兴徐添酒，读日无多慎买书”。

陈永锵说，艺术家与一般人都一样，不同之处也许就是在于能讲别人不敢讲、不会讲或未曾讲的话。率真的他对喜欢的人与事毫不掩饰，对不喜欢的人与事也毫无避讳，他常说“做人难，做个让人信任的人更难”。有了名誉地位，随之而来的是“名誉并发症”和“被关怀恐惧症”，身边开始多了许多情难以堪的无奈！他说，其实画家只想安心画点画，好朋友来了也可以聊聊天趁机休息一下、调节一下，问题是难免没趣的人来了徒增你的厌烦，“渴时一滴如甘露，醉后添杯不如无”。

当然，耿直的性格有时也会引人误解。比如，就有人戏说“陈永锵不是个东西”。而陈永锵回应的是：“陈永锵本来就不是个东西，不是器具，只是一个有血有肉、有情怀的人”。说完，他又叹声道，说起来容易做起来难，“两岸繁花不碍我，一川风雨且由他。”他又说：“人生，也只不过是：一个人在不断地发现和审视自己中，完善自己，最后成就自己的历程。唯有向自己的心深处走，才不会重复别人的路。我自己就‘好自为之’吧。”

锵哥说他因为认识自己，所以他的思考与选择或许就与别人不同，别人说要走向高峰，他却热衷于走向大海，因为“高处不胜寒”，大海容汇百川大可以从善如流；别人说人往高处走，他却往低处行，因为山路崎岖，前路险窄；他不选择清高，能与众生和唱，他不贪图虚誉，能轻装前行，因为舍得也是一种智慧。他说，不管是泉水还是海浪，在阳光下同样会闪光，相信这就是一种担当，也是一种积极的人生。

2017年11月

许钦松：1952年生，广东澄海人。国家一级美术师，国务院特殊津贴专家。1998年获广东省五一劳动奖章，获"跨世纪之星"荣誉称号，2007年当选当代岭南文化名人50家。现为全国政协委员、中国美术家协会副主席、广东省文学艺术界联合会主席、广东省美术家协会名誉主席、广东画院院长、全国政协书画室副主任，中国文联全委会委员、中国艺术研究院研究员，博士生导师、中国国家画院院务委员、中国画学会顾问、广东省人民政府文史研究馆馆员、广州美术学院客座教授、广州大学美术学院名誉院长、广东中国画学会名誉会长。

闲不下来的许钦松

刚刚卸任广东省文联主席的许钦松，是与新中国一起成长的一辈人，这一辈的艺术家与老一辈艺术家有所不同，有着老一辈艺术家跨新旧社会形态艺术实践的基础，也有着更纯粹的新中国艺术成长的探索轨迹。许钦松说自己是在培养社会主义接班人的氛围中成长的，从学生干部到文艺界领导干部，从小就培养了领导能力，也紧跟党的文艺方针。可以说个人的命运与新中国是联系在一起的，国家好，个人才会好。

至于年轻一代，胜在当下的信息资源便捷与物质条件丰富，有着眼界开阔与知识结构全面的优势，只是少了新中国成立初期艰苦岁月的磨炼与时代变迁思想跌宕的阅历。学生年代缺少学习资料，许钦松可以到图书馆把整本《色彩学研究》抄下来，把整册《芥子园画谱》临摹下来，把《鲁迅全集》通读一遍……总之，那是一段对知识如饥似渴的岁月。随着国家的发展，他们也有了接受中西方文化的机遇，包括出访，目睹世界各国的冷热战与政治经济博弈等，有了历史的视野，有了世界的眼光，也就有了思考与鉴别，所以对外来文化有着自身的价值观判断。

正是有着这样的成长历程与思想意识，许钦松自觉地赋予了对文化艺术的家国情怀与发展担当。在主导广东美协、广东画院等机构任内，他深入调研，洞察发展的着力点，先后推

长江揽胜

许钦松

晓雲出岩
啟松作

出广东美协50周年50经典评选、其命唯新——广东美术百年大展，以及推动众多老艺术家上京展和对众多青年艺术家的培育计划，从而使广东美术在其多个职务任期内成绩斐然。颇为值得一提的是，他花十几年的时间推动面积近五万平方米的广东画院新址建设，使之成为全国规模最大、功能最齐备的省级画院，从立项到竣工落成，倾注了他大量的心血，其中的甜酸苦辣是非亲历者所难以体味的。其次，他关注社会、热心公益，组织了救助孤残儿童基金会，汶川地震后发动捐赠书画义卖了700多万元用于救灾，发动108人用18个日日夜夜创作了长56米、高1.6米的反映抗震救灾的巨作《地恸·重生》，并快速编辑出版成画册，受到时任广东省委书记汪洋的重视以及现场慰问。他还有许多在美术界的改革也备受关注，签约画家制度、建立青年画院以及画展评选引入纪检监督等举措在全国都是领先的。中国美协主席范迪安曾在广东调研时对广东美术发展格局给予充分肯定。

作为广东美术界领导者同时又是著名艺术家的许钦松，纷繁的领导事务必然会影响其艺术创作，也少了许多休闲娱乐的时间。好在自幼勤奋已成习惯的他总会见缝插针地利用一些碎片时间去思考与创作，晚上绘画至凌晨一两点才睡的习惯现在想调整都很难调整过来，长期工作与创作之间的拉锯也使他脑袋比较灵活，做什么事时立刻便能开动脑筋，拿起画笔便能马上进入状态……这其中，长期高密度的工作生活方式是局外人所难理解的，有时候他上午去北京开会，深夜都要赶回来，因

岭云带雨

许钦松

为后面许多工作已排满。当然，陪家人的时间更少了，妻子住院没时间照顾，对孩子的成长也关心不够……他虽对家人内心有愧，但对艺术却依然无怨无悔。

许钦松从广东画院退下来刚好一年了，这一年他并没有闲着，虽然是有时间看新闻联播了，很多大型活动非万不得已不去参加。内心有所放松，时间能够更好地支配，但有两方面却始终放不下来。一方面是他停不下的绘画，他太太说他三天没绘画就会发脾气，绘画已成了他的生活，成了他的热爱之事，成了一种崇高信仰——几乎是一种殉道精神，他虽非被迫，但从没松懈，内心有着“这辈子一定要把这件事做好”的潜意识。另一方面是他的艺术公益事业，许钦松忘不了老一辈艺术家对他的培育，他深深记住老一辈认真忠诚，胸怀豁达，为人低调，对年轻人有一种爱的品格。所以他当年上任后就着力推动一批老艺术家去北京展览，一个一个地推，特别是自己掏了20多万元为已离世的广东画院首任院长黄新波先生出画集，并为设立黄新波美术馆而奔走呼吁……这其中便是怀着一颗感恩的心。

许钦松觉得也应该为年轻的艺术家做点事。许钦松基金会成立已满10周年，设立的许钦松创作奖已颁发出750万元奖金，资助了1200多名学生，推动了艺术人才的培养。接下来，基金会准备挂牌并选出10名优秀的艺术家办展，已挂钩的除了广州美术学院，还有西安美术学院、湖北美术学院、西藏大学等，这次展览还吸引了七所境外美术院校的学生积极投稿。

许钦松的艺术培育和研究工作一直没有停，自身的艺术创作也没有停，他依然担任中国艺术研究院的博导，澳门城市大学的博导，还有全国政协书画院书画室副主任、故宫技法研究院研究员等社会职务。退下来的这一年，他还去成都和山东办了两场个人大展，画了几张大画，他的《吞吐大荒》个展从中国美术馆首展开始，每到一地总会刮起一股旋风，人头涌动……这一年，他还走进了青城山、峨眉山、都江堰、河曲、洪雅等地写生，他说他回到了艺术家的原本状态。接下来还计划编写一些著作，包括访谈录和在荣宝斋编刊山水画谱，还要整理以往的一些文章，做一些学问，对传统与西方的技法进行研究比较，编一批创作技法的书籍……总之，许钦松依然闲不下来，他有太多的想法与事情需要去落实，也正是闲不下来才成就了许钦松。

我曾借用“两岸猿声啼不住，轻舟已过万重山”两句诗来形容许钦松的艺术发展历程，他独特的艺术面貌一直是伴随着争议而发展着的。首先是他突破了传统山水可望、可玩、可居、可游的思想，把山水作为膜拜的对象，有一种宗教般的情怀：

或是一种接近天穹的高山之巅，或是一种混沌初开的原野苍莽，仿如天地初始，一片宁静，没有尘埃，没有喧嚣，有的是纯净的天地与心灵的启迪，虽少了人文的营造却多了思想的空灵。其次是技法的创新，随着现代各种观察方式的可行，他以上下左右两个360度去环视审美对象，从而使景物有了宇宙空间的意识；并对水墨黑白灰中的灰色极度探微，丰富了烟雾云岚的载体与表现力，改变了以往灰色空间的单一浅显，使画作更为从容地表现出凝重与灵动。再者他把版画迎锋冲凿的骨力与黑白光影引进国画，当上苍照耀大地的光芒被郑重其事地表现出来时，画作便有了一种注视众生的神秘感，有了一种宗教意识。受过西方美术教育的许钦松进而还把色彩学引进了国画，有着纯净明亮水彩色感的色彩也常在他的作品中得以应用，进一步拓展了国画的表现语言……

这不仅拓展了创作空间也推动了艺术表现的多元性，从而使得许钦松的作品有着更强烈的个性语言和独树一帜的识别度；这些创新都是有别于传统与惯性思维的，从而也为业界不断争议，但争议归争议，许钦松的艺术和影响与时代同频发展着却是不争的事实。

说不尽的许钦松，还有许多值得我们去发现与挖掘的东西。但许钦松既是广东美术一个标志性的个体，也是新中国发展历程中广东美术的一个缩影，我们不妨从一个个有个性有建树的个体去观察，从而得以从微观到宏观了解这片热土上波澜壮阔的文化艺术发展与勇于开拓创新的文化自信。

2019年8月

郭莽园：1942年生，广东汕头人。现为水墨村村民、西泠印社社员、广东省人民政府文史研究馆馆员、广州画院艺术顾问、广东华人书法院名誉院长、中国手指画研究会顾问。

在中国美术馆、浙江省博物馆等地举办过个展，在北京、广州、杭州、西安、澳门、台湾，以及澳大利亚、韩国等地举办过展览。出版有《莽园画集》《莽园册页》《莽园画辑》《中国指墨》《中国水墨收藏莽园卷》《百年中国画家书法》等画册。作品为人民大会堂、中国美术馆、国际奥委会、浙江省博物馆等单位收藏。

无意于形而无不诸形传神

——记郭莽园先生

每每面对郭莽园老先生的书画时，总有一种别样的滋味在心头，那种特别，那种难以言说，那种令人心手起痒，不挠不快的感觉挥之不去。但每当想写点关于郭老先生的文字时，却又一时无从下笔。首先是他那南方人少有的高健身材与白鬓银发的形象，确实气质非凡，但要说仙风道骨，他又常常是牛仔裤加衬衣拼接世俗生活，完全没有一点林泉隐逸之感。其次是他那笔下的景物，要说有技巧，几笔涂抹，不工不细，又似乎一时找不到可逞口舌之处；要说没有技巧，静赏却又感觉身临其境，物象跃然眼前，没点功底如何做得到！此外，他抓起笔来，运筹帷幄，指点江山，但日常待人，却风趣友善，谈笑风生，完全不像一些名家的做派……看起来充满矛盾，却又不经意中平衡了郭老先生的形象，让人既敬之又亲之，既熟悉又陌生，既喜欢又说不出为什么，因而印象更加深刻。

也许是为了弄个明白，我找郭老先生聊天，希望一探乾坤。但郭老谈生活谈世事趣闻不断、妙语连珠，谈艺术却总是三言两语、言简意赅，估计将是越探越玄，越探越不明白了，但好奇驱使，不惧而为，还是梳理了一些他的艺术观点。

郭老说，艺术要有个性，做人却要平和。艺术上他十分自负，不管大画小品，信手拈来，应景而成，常常寥寥几笔，似乎程式其间，但却绝少重复。他说因为心中有，笔下自然意境、内容、方法各不同，知识文化作基础，阅历层次构成基因，还要有一种内心趣味体现气质。

所言极是。我们时常看到一些人有了程式之后，不断地几块石、几株树、几条溪流、几笔兰草左拼右凑地“拼图”，看似不同，其实摆到一起就令人厌烦。郭老还说，许多人或画不下去或画不知止，画不下去是遇到了瓶颈，不断地原地踏步，画不知止是过于逞能，一幅画笔墨内容不在于多，而在于点到为止，意味深长。郭老还认为，技巧固然重要，但画不能俗，一俗即坏，多好的技巧，格调不高，都没有用。格调除了自身天赋，还要靠日常修为，诗词歌赋、书法、文学都是基础，有的人没有扎实的基础，一定程度后就过不了瓶颈也走不了回头路，保持“初心”谈何容易。

当然，除了传统基础，还要顺势而为，了解现代社会，关注现实生活也十分重要。郭老除了每天读些“杂书”“无用书”外，还关注微信，体验生活，特别是热爱美食，他说这样才有思考、才有追求、才能变化、才能更具生命力。郭老的画中除

山水画作品

郭莽园

击球图

郭莽园

了彰显传统的笔墨，还常常伴有惹人的色彩，这一方面是因他早年学过西画的基础，另一方面也是因他对丰富多彩现实生活的感悟，从而形成了他别具一格的艺术风格。

郭老原寓居粤东，65岁才迁居广州，至今已11年了，问其当年那么大年纪还“广漂”是否有压力，他认为路子没走错。没来省城，没有这么大的艺术圈交往，眼界不宽，艺术上很难突破，如果说压力，可能会担心生存，但大城市文化消费对象较明显，他的艺术面貌与众不同，喜欢了就非常喜欢，喜欢了就不会走，总有人会花钱让他养家糊口，而且受众越来越多了呢。

与郭老聊天，他爽朗直接、轻松自由、生动有趣。郭莽园老先生确实画如其人，风趣别致，内里的傲气与表面的和气达到了一种不着痕迹的协调。特别是郭老在传统笔墨中驾驭的现代色彩，不俗气不生硬，微妙恣意，光亮处通透抢目，浑凝处和谐丰富，总是那么出其不意地令人过目难忘。加上诗书画印融于一体，笔墨意象中有一种游戏的意味，潇洒野逸，有着东方的哲思与西方的诙谐，老先生实在玩得轻松、玩得自在，没有深厚的专业素养与丰富的人生阅历恐怕难以如此驾驭自如。

画以载道，可以说郭莽园老先生别样的艺术面貌不仅征服了观赏者，也丰富了岭南的艺术样式。

2017年11月

陈永正：字止水，号沚斋。学者、诗人、书法家。生于广东茂名。

曾任中山大学古文献研究所研究员，中文系博士生导师、中国书法家协会副主席、广东省书法家协会主席、广东书法院院长。现任广东中华诗词学会副会长、广东省文史研究馆馆员。著作有《岭南书法史》《沚斋诗词钞》等30余种。

世事纷扰徒心力，翰墨诗书自清流

——以德为邻，与陈永正相识相交侧记

10多年前曾为陈永正老师编撰书法集，当时永正老师不大情愿折腾此事，因其向来不慕名利，甘于淡泊，当时他已是广东历年唯一荣任中国书协副主席和广东省书协主席的名家，却没有系统出版个人的书法集，甚至少有书法作品公开发表。这虽是其个人选择，但我却认为是一种遗憾。

永正老师草真隶篆各体皆能，小字行书尤其纯熟秀美，颇具骨力，如果没有系统的书法作品结集传世，应是广东文化艺术面貌的一大缺失。在友人的极力要求与真诚劝说下，方得其首肯。于是联合陈老师的夫人集中精力翻阅老师数十年来各种

不同书体的作品近百件，力求能综合反映其“古雅清刚”的艺术风格。从这一系列作品中，可看到陈永正书作巧拙兼施、动静契合、秀逸刚健而无媚姿俗态，处处流露出典雅灵动的风采和刚正自然的气息。

当时编纂作品集过程中，考虑到在广东地区一时难以找到比肩陈永正的名家学者为其作序，我提出让陈老师写自序，也自作主张地写了几段字作跋，然后将书样送到陈老师处，他翻了又翻，删减了几幅作品和调整了个别画作排序后，把我拟写的跋抽出来，改了几个字，说：“就用你的跋改为序吧。”哎哟，这可吓坏我了，诚惶诚恐连番推却，但陈老师却浅笑，连声说“行行行……就这样”。当年我这毛头小子竟然煞有介事地为陈永正书法集作序。不过，这也印证了永正老师不事张扬的作风，他常说自己乃一教书匠，书法乃是学余遣兴，强调写书法要有真性情真感悟，不要为了书法而书法，学养到了作品的形式与格调自然就到了，否则往往就做作了。

一次，约陈永正老师喝早茶，这是很难得的事情，相识相知多年，一起外出吃饭喝茶却屈指可数。陈老师心系学问，淡与人交往，他总推说年事日高，懒交懒游，总想安静地看看书或写点东西，对索求书法作品者基本也是“六亲不认”。他并没有把自己当成书法家，也没有时间与精力应付，他认为自己是诗人、学者，书法却只是个人的书斋之乐，是写给自己看的，是愉悦自身的遣兴游戏。

作为学者与文人，陈永正老师在古籍整理、古诗文考证、文字学、书法研究及诗词创作等方面著作等身。这么多年来，虽然有关他的报道文章鲜见，但他在业内与学界却是影响深远的。

陈永正书法古雅清刚，流丽脱俗，在平和自适的风貌中流

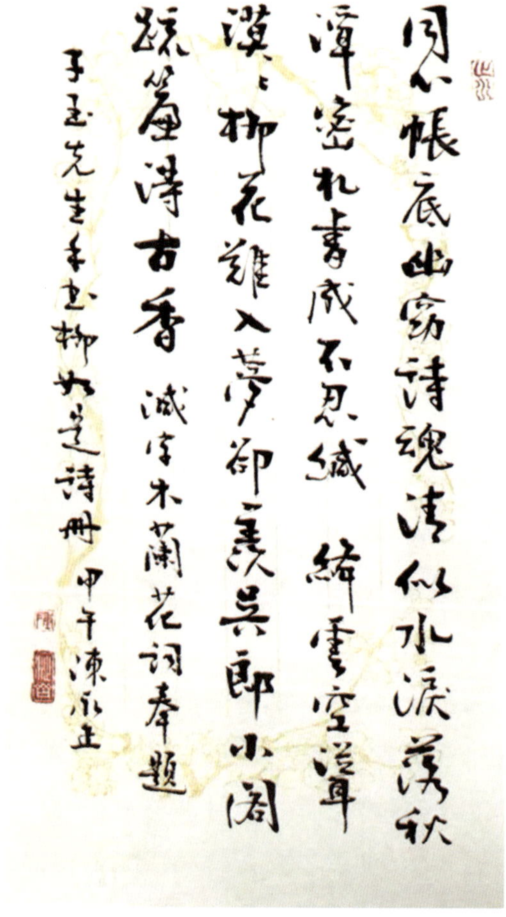

书法作品

陈永正

露出清正刚毅的气息，真可谓书如其人。观其作品总是信手写来，时而秀雅闲适，精神自由，时而尺幅千里，雄强伟岸，帖情与碑意盎然，秀美与朴拙、书卷气与金石味流露，若无渊博之积学，恐难以至此境界。永正老师诸体皆能，其甲骨峭拔古韵，颇得篆字三昧；其隶书扬弃常见的石刻剥落状，多在秦汉简帛中化出，重在自然；其章草取汉简势而掺魏碑笔势，典雅中见清劲；其小楷则追钟繇中于转折处运方入圆，并以章草法收笔，寓灵动于清刚；最具个性面貌的是他的行草小字，乍看之下难辨哪家哪法，但又似乎融汇诸家，篆隶楷草诸体熔于一炉，浑然无迹，却味在其间。

当年任全国书协副主席和广东省书协主席时，应酬在所难免，但他从没有利用职位与书法为自己牟利，书法作品要么“秀才人情纸一张”送人，要么润笔费交到省书协作为专项公益基金。卸任后，他谢绝许多活动的邀请，也不接受书法托请钱财，更是一心扑在学术研究与教学上，直到前些年才因中山大学教育基金资金不足启笔，以每幅作品二万至五万元作价，写足基金会需要的资金缺口后遂又封笔、退隐了。

当然类似我这种“故人”则是例外。永正老师说，他不想在世事纷乱中徒耗心力，因为不擅交际，也不好交际，或许也错过认识不少新朋友的机会。所幸我早年便与永正老师相识相交，属于“故人”，否则无缘得其翰墨浸润，将实在是一桩憾事吧。

我颇好《老子》“上善若水”一章，曾委托他写“上善若水”，按他的习惯可能就是小条幅写此四字而已，谁知待我取字时，永正老师却写了满满的三大幅《老子》第八章全文，并择其最满意的一幅赠予我（该幅作品已收录于我之前出版的书籍）。

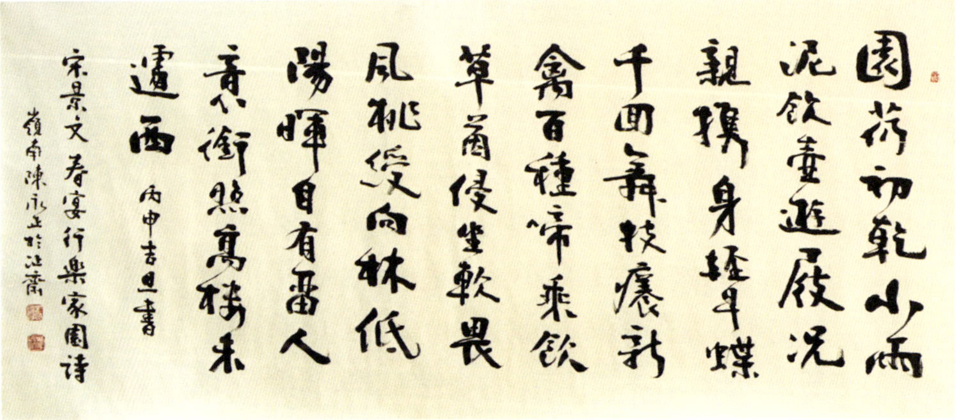

宋景文寿宴行乐家园诗

陈永正

永正老师人情练达但又不拘泥常理，有人想尽办法求字不得，有人因难处而难于启齿时，他却又主动相赠相助。如果是他赠的字，你要表达心意也并不容易，因为他淡薄钱物也不好游历，送点小礼物都百般拒绝，更别说邀请他外出游玩了。甚至说，他如今应是“散物”而不是“聚物”的时候。另外，陈老师素来低调，极少愿意接受媒体采访，不再担任书协领导后，更是婉拒所有媒体的采访请求，这一方面，则连我这个“故人”也没有例外可说了。我应邀主持羊城晚报《名家话收藏》版面，一直想采访永正老师都被婉拒，该报版面采访过的广东艺术大家几乎唯缺此君了。

以下是永正老师与我对谈的一些摘要。

谈书法。他看重两个方面，一是基础，二是是否出新意。对那些基础都不牢的书写“创举”，他从来不视之为书法，每个门道都讲规矩，格律诗不按韵律平仄就成了杂文……那些彰显个性的书写行为及符号，可以算作“表现主义”“行为艺术”，但不能说是书法艺术。

谈风格。永正老师认为，风格的形成非朝夕之功，需要长期积淀和深厚的涵养，结合个人性情与锤炼、感悟出新，有时甚至是一段时间磨炼中不经意的“神来之笔”，“有如神助”而形成的面貌，及时抓住并有所感悟，并逐步得以巩固传扬下来的。

谈阅读。永正老师家中最大的风景是一面面用书架垒成的“墙”，楼下还有一室作藏书库。他不仅遍读经典学术书籍，还喜欢读武侠和科幻小说，对金庸、古龙、梁羽生等人的作品如数家珍，他说《射雕英雄传》一书在他少年、中年及近期各读了三遍，常读常新，对金庸的艺术造诣与叙事能力颇为推崇，对其文学修养与文字水平更是赞誉有加。他说从书中配诗与修辞等方面可看出作者文言文、格律诗等传统文化底蕴深厚，读其小说不仅受到想象力丰富的故事情节感染，还能得到文学修养的熏陶……至于科幻，永正老师少年以来都在阅读，至今还不断购买国内外各种科幻小说，看完后他分享给有共同爱好的后辈和朋友，有的还送给专门经营旧书的小古堂书店。

提到小古堂书店，永正老师说，时下能坚持开办这样一间旧书店实非易事，为了支持这样的文化行为，他不时清理一些杂书闲书或翻阅过的文友书友赠书送给小古堂，一些书中有该书作者题送或永正老师的签名或注释。

谈交友。他还谈及亲友交往琐事，如果是一些发小或至亲，即使爱好见识有所不同，内心只能接受，如果话不投机可追忆往事或只作倾听。生活中的师友则是有共同语言的，但即使如此，观点不一致也是常有的事，辩论多是各抒己见，谁也说服不了谁。然而，争执并不是坏事，争执也是一种舒服的谈话状态，永正老师就常常和三五好友定期小聚，评古论今，说些奇谈异闻，还有诗词、易经、方术词典等，争论一番，不求一是，舒舒服服地消磨时光，心情舒畅，然后该做什么还是去做什么……于闹市中，这样的相聚，反倒是难得的。

学者陈永正，不仅以书法艺术驰名，对古文字研究、诗词歌赋及文学理论均有过人建树。他提倡既要有博学的营养，又要有专攻的方向，有点有面，博学是广度，术业专攻是深度，互为促进，相得益彰。

永正老师从社会变迁、动荡不定的时代走来，惯看人生百态，世事洞明，自身更是聪慧与勤奋并举，仁爱与傲骨齐备，其成就与影响不在言下，其宅心仁厚，多年来持续助学扶贫更是令人叹服。

陈永正是一个有故事的人，其浩然之气在不经意的言行举止间浮现，非常值得有心人慢慢去认知与挖掘。

2019年3月

苏起龙：1959年生于广州，祖籍广东潮州。自幼习画，师从黎雄才、陈金章。1981年起，画作先后在加拿大、美国等国家，以及中国香港、台湾等地展出。2014年“百松万古春”在广州、东莞、顺德等地巡展。出版有《苏起龙画集》《苏起龙山水专辑》《百松万古春》等画集。

纯粹的画者苏起龙

真正的画者，不在于身世显赫，不在于身居要职，而在于不折不挠的钻研精神，在于持之以恒的艺术坚持，在于内心真正的热爱，在于思想境界的修炼与艺术创作的升华……苏起龙应是一位真正的画者，数十年来，拜师学艺，修心养性，临名作，读经典，勤写生，多思考，一直在笔墨纸张中摸爬滚打，一直在艺术探索的道路上经风历雨。10多年前，借着艺术品市场日趋兴盛的春风，越来越多人喜欢他的画作，卖画已能让他养家糊口，已能让他置换新居。于是，他索性辞去国企工作，迁居郊野山脚，听蛙鸣蝉唱，观湖光山色，悟自然韵致，展笔下华滋……真正成为职业画家。苏起龙拥有一些常年光顾的粉

黄山旭日

苏起龙

丝和不断发展的受众，所以他也不功利，每遇性情相投或笔墨知音者他也疏朗大方，不太计较。他说人生有三五知己，常年时不时见见面，谈谈艺术，说说世事，约约游玩，或者一起爬爬山，写写生，游戏笔墨，实是人生乐事，这便是苏起龙的生活状态。

其实长期画画也很枯燥，遇到瓶颈时更是倍感苦恼，苏起龙习惯画不下去时就暂且放下，要么练练书法，要么听听音乐，要么到附近山野走走。而且每年都会约上几位画友到全国各地山川湖海去体悟自然，写生论道，感受光影的变幻，感受云雾雨霁的神秘，入眼即画，物皆有情，物我两忘，浑然一体，似是而非……

写生是苏起龙艺术创作的主要构成部分，大自然给了他很多素材、构图和灵感，他说只有在写生上感受观察，体悟自然景观的层次深浅变化，物态形象的质感状态形式，才能画出神韵，画出本真，山有山的走势，水有水的流向，画要有力量就要善于取势，山势、树势进而气势，表现好了就是质感，就是力量。当然，也不是机械地去写自然，画者有画者的思想与思考，他接近自然、融入自然，身心释放地与自然融为一体，“山川与吾神遇而即化”，把握好自然的元素进行统筹调动组合，形成符合审美品质与自己喜欢的画面构成，这就是师法自然，也是妙造自然。苏起龙每次写生回来都会带来许多新的构图，新的笔墨形式，新的认知与新的表现。

画画始终要靠修养，“游艺于道”是不容易的，艺的层面与道的层面不同，画者要有文化、有功底，还要有灵气，灵气在于悟道，画到最终还是要达到大道圆通。但道的修行需要悟性、需要执着、需要殉道精神，除了多读前人画，多磨炼笔情墨意，多看学术论著，还要体味人情世故，感受自然规律，修行一种博大的胸襟与通达的智慧。苏起龙是认知到了这一点的，所以他与世无争，安顿心灵，顺其自然，自行修炼，安身立命做一个简单纯粹的画者。

有了一种思想的境界，就有一种相应的人生轨迹，同时我们也看到了其画作在思想的驱动中与时俱进的变化。苏起龙的创作在不断积累不断沉淀不断求新求变中，从以往的略显拘谨到如今的轻松自如，从以往的一笔是一笔到如今的一笔饱含丰富表现，从以往的看景致看叙述到如今看笔墨“干裂秋风，含润春雨”的可读性，从以往的看技法看造型到如今的看韵味看意境……

当然，过程中不乏反复、不乏修正、不乏质疑，每一个革新的艺术家都是从受批评和自我批评开始的，苏起龙也不例外，但他不浮躁不争辩，他认为笔墨不随时代才常出意想不到的东西，艺术也可以逆时代的，他愿意为此而不懈探索。

2017年11月

秋声

苏起龙

林蓝：1971年生，广东潮州人，1993年毕业于广州美术学院国画系，1996年毕业于中央工艺美术学院并获硕士学位，2004年毕业于清华大学美术学院并获美术学博士学位，曾任广州美术学院副院长、教授，广东省美术家协会副主席，现为广东画院院长，获广东省南粤优秀教师、广东青年五四奖章、中国教育部“新世纪优秀人才”等荣誉称号。

我所理解的画家林蓝

画家林蓝在艺术上走的是一条康庄大道：从名家之后到自身成为名家；从广州美院附中学生到中央美术学院硕士又到清华大学美术学博士；从广州美院教师到广东画院院长……一切看起来都是那么自然而然、顺理成章。但细思量却觉得不尽然，唯其康庄大道，更需要脚踏实地、勤跑快走才能及时踏上每一个台阶；唯其不抄小路走捷径所以要付出更多的里程；唯其没有另辟蹊径所以走在人来人往的大路上将接受更多的竞赛与挑战以及不同的审视与评议。

一路走来，如果没有明确的方向与坚定的毅力可能就半途而废了，也可能在某一歧途上就蹉跎不前了。正因为是名家之后，对其评价的要求自然比别人高，成长的压力自然更大，因为艺术虽可熏陶却是不可继承的，自身如没有过人的悟性，没有更多努力，要突破、要出人头地并不容易；也正因为是名家之后，优越的心理与舒适的条件往往会让人滋生惰性。

但林蓝不一样，这些年来，一个学历又一个学历攀越，一篇论著又一篇论著完成，一册画集又一册画集出版，一批新作又一批新作面世，一批学生又一批学生成长……在其略显年轻的艺术人生上，把这些成绩分摊下去，每天每时付出的心血与汗水可想而知，何况她不仅是一名艺术家，同时还是一名高校的教师与一位母亲。

如今的林蓝，身边不乏鲜花与光环，但面对成绩与光环，林蓝并没有表现出太多的优越感，仍是一如既往的温婉谦和，一如既往的落落大方，与人为善。每一次与她一起总是听到她在说别人的好处，在她的眼里总能发现他人的优点与成就，因而“三人行，必有我师”，她永远有学习的方向。

这样的艺术家，她的作品又是怎么样的呢？林蓝的作品同样十分耐人品读，乍看她的画觉很写意，或者折枝花果，或者几组静物，图式简洁，取舍大胆。但深入观赏，却会发现其写意的表面下有着十分工致的细节：从构图布局到平面形式，从着笔起稿到肌理堆积，从色墨冲和到造型变化，从块面点线到局部勾勒……每一步骤每一细节，都在简约的背后有着一种苦心孤诣的付出。

未去过林蓝画室之前，总觉得林蓝创作这些画作不会花太多的时间，直到有一次在她画室现场观摩之后，才彻底改变了对其画作的看法。林蓝的画习惯用日本金箔纸，这种金箔纸纸身不吸水，纸面却对水迹十分敏感，创作过程中，从笔纸接触的第一点起，到墨、色、粉一层又一层的冲渍痕全部保留在纸

菡萏

林蓝

清夏：花、子、藕、蓬

林蓝

面上，而且因为不吸水，画面从冲渍到凝固需要一定的时间，那么气候的干湿、画面的平衡乃至风吹摆动都会使画面的色彩与形态发生变化。于是林蓝的创作过程就不可能一挥而就了，而是在不断观察与思考之中。当画面出现变化时就要适时地进行收拾，既就着变化也控制着变化，把自己所有的思想和情绪的流动起伏都反映于画面上，时间在创作中随着画面缓慢凝固也不经意地流淌过去了……

再说，观赏林蓝的画，许多人都会觉得很现代，很有装饰性，确实如此。但细为观赏，又会发现其现代感的背后，还有着对传统艺术十分执迷的内在元素，从她画作的图式、细节的表现、景物的推敲，我们可以看到宋画的影子。习画伊始，林蓝已感受到传统典范里蕴含着厚实而深沉的吸引力，让自己产生学习的强烈冲动并不时从中汲取营养，尤其对宋画她更是备受打动，她喜欢那种墨线细勾、色彩层层渲染；喜欢那种造景布局呼应绝妙、画面细节周密不苟与饱满端庄；喜欢那种在创作情绪中贯穿着空灵与静意，表现出严谨与诗意的结合。这些，她都或多或少地应用在她的作品上了。

说起诗意，林蓝对古诗词的奇思妙想、情感奔放与格律推敲以及诗情画意也有着深入的感悟，她尤其喜欢《诗经》，甚至在《诗经》中吸取营养与意象创作艺术作品，其中一幅以《诗经》情景为内容的历史文化题材巨型画作便被国家博物馆收藏与展出，可见传统的素养在林蓝的创作中是常常不期而遇的。

当然，热爱传统不等于简单复制传统，林蓝生活在岭南这片热土上，生活在现今瞬息万变的时代下，生活的方方面面，社会的林林总总，个体在接触与碰撞中内在的观察角度与感受的体现也会在创作上表现出不断的变化与沉淀，引发出视觉艺术的拓展与更新。林蓝的艺术面貌既有着院校体系扎实的基础，也有着岭南气象长期的滋养，她的创作既写意也写生，既讲求传统体验，也积极观照生活，并且在金箔纸这种独特的介质上结合自身的情感与喜好，结合自身对人、对物、对世界的理解与评断，创作出一系列富有传统底蕴又深具时代景象，语言崭新且面貌独具的艺术精品。

这就是我所看到与理解的画家林蓝，也许是一个侧面，也许不尽其然，但在我的心目中却是真实而生动的，对其作品的喜爱也缘于此。

2016年10月

一门三画室　艺风各不同

——林墉“艺术家庭”所见小记

记得十几二十年前，我已时不时去到林墉老师的家里蹭茶了，那时给我印象最深的是林墉老师说他的家里要有“三间画室”。在那住房仍较紧张的年代，一户之中除了起居食宿各种功能空间外，还要有“三间画室”确实会令人咋舌，也几乎是一处“艺术村”了。

不过，说林墉老师的家像艺术村也不为过，在他那里不仅艺术品琳琅满目，文化艺术界各路人物来来往往，而且他与其妻子苏华、女儿林蓝也均是广东有名的艺术家，是艺术界惹人注目的艺术家庭。那么这个血脉相连、聚居一处的艺术家庭成员间各自的艺术风格是怎样的？性情有何不同？从“画室”到“画家”再到“艺术家庭”之间的关联与影响确实令人好奇。

待得最多的自然是林墉老师的画室，画室除了画墙上时不时有林老师完成或未完成的山水、人物、花鸟画或书法作品外，还有各种奇石，以及木雕、文玩等民间工艺品，令人目不暇接，客人每每好奇问起就会引来林墉老师对这些收藏品的相关知识以及收藏过程与趣事的绘声绘色的描述，比如他是如何穿着大裤衩、文化衫像街边阿伯一样从古玩店里低价请来那尊千手观音的，他又是如何在古玩街上和小贩们讨价还价、斗智斗勇的……

林墉老师不仅绘画了得，文章也了得，口才更是一流，声情并茂、妙语连珠，常常令人时而神往时而哑然失笑，也令人深深感受到林墉老师阅历的深厚、学养的丰富以及性情的谐趣，并进一步了解和喜欢上他那些趣味盎然的作品。观赏他那些时而恣肆诡丽、泼辣不羁，时而禅意超然、亦庄亦谐，时而清雅

苏家芳

林墉

自在、性情流露的作品时，我们读到的不仅是一种美感，还有一种人文关怀，不仅是一种技艺，还有一种思想境界，我们看到了一位卓越艺术家不俗的追求与多维的才华。

苏华老师的画室光线有点暗，除了必备的文房用具外，一切都比较质朴，就如她待人接物那般质朴自然。一般去林墉老师家时，苏华老师总是谦和地陪伴在侧，轻声细语、慈和亲切，令人如沐春风。面对温婉娴静，亲和感如此强的苏华老师，不熟悉的人看到她的作品一定会产生强烈的落差，因为怎么也不会联想到她的作品如此大气淋漓。

她擅长山水、大写意花鸟及书法，特别是她的书法大张大合，雄健豪迈，充盈着男子气概，备受社会追捧。不过，也是得益于她书法酣畅而笃定的中锋运笔，在苏华老师的大写意花鸟中体现出一种大巧若拙、大美不饰的审美品格，她在讲究线条与墨韵的传统审美基础上，更有着一种大笔浓墨、浪漫奔放、正气洋溢而又倔强的个性表现。

另外，作为一名妻子与母亲，苏华老师也有非常令人尊重的一面。曾经读过她两篇令我深受感动的文章：一篇是《求医记》，记叙了林墉老师当年因脑瘤两次手术的前前后后，作为妻子的她那种焦虑、关切、奔波、照顾与坚韧品质溢于字里行间。还有一篇是《林蓝出生》，那是在林蓝担任广州美院副院长后，作为母亲的苏华对女儿当年出生难产的回忆；对女儿知道艰难、不畏艰难，追求上进的欣慰，以及对女儿未来的寄望与鼓励，平实的字句、由衷的言语，尽显关爱之心。她是这样的艺术家，她笔下的作品充盈着大气、正气与爱心就不难理解了。

至于林蓝的画室，我去过的是在林墉老师家隔壁的一幢楼层里，那次林蓝正铺开一张几米长一米余宽的金箔画纸在地面

林墉一家子

上躬身创作，铺开这画纸后，加上四周的书柜与家具，所剩的空间就不多了。林蓝是停下笔坐在画案上与我聊天的，吊着脚晃着腿，仿佛有着校园中凭依栏杆谈天说地的女生影子。

待人接物非常谦和礼貌的林蓝一般是有点拘谨的，这次有点例外。她有着她母亲一样善良温婉的品质，也有着她父亲一样聪明勤奋的特点，在艺术创作上，又在骨子里体现出一种执着坚强、好学上进而且善于创新的优良品性，几乎拥有了父母亲所有的优秀基因。

她的画自成一格，喜欢用金箔纸为介质，妙用纸性，表现出富有时代感又高贵大方的图式。画作景物多为折枝花果或静物组图，取舍大胆，简约大气，近期更以传统历史文化题材切入创作，借《诗经》情景为媒介，以传统的笔墨、新颖的介质、个性的语言去演绎，创作出深受业界认可而且被国家博物馆收藏展览的巨作，这也为她自身找到了一个可供挖掘的创作新路向，体现出其个人对艺术价值、社会价值、历史价值三个递增层面的理解与表达，正是“木秀于林、终可成材”。

画室，只是一处创作的场所，但几间画室聚于一起，就产生了不同的效应。毫不相关的几间画室聚集一起（有如一些艺术村落），也会让画家间产生交流与影响，何况是共同生活、血浓于水的一家人。

关于林墉、苏华、林蓝这个艺术家庭是否相互影响、相互促进，我相信答案是肯定的，大家都知道艺术是不可能继承的，一般的家庭两辈人的性格是有点相似的，但令人奇怪的是林墉老师这一家子却性情各不相同，画风也独树一帜，而且均在艺坛颇有建树，深具影响，这其中又有着什么可供解读、借鉴乃至传扬的东西呢？

2017年1月

陈少珊：1992年广州美术学院中国画教材教法专业毕业，获硕士学位并留校任教。现为广州美术学院教授，硕士研究生导师，广州美术学院美术教育学院美术教研室副主任兼中国画教研室主任。中国美协会员，广东中国画学会理事。主要从事中国花鸟画的教学、研究与创作。出版过多种专辑，作品多次参加全国美展，并先后被中国艺术研究院、中国文联、广东美术馆、深圳关山月美术馆、广东佛教协会及海内外收藏家收藏。2008年被中共广东省委宣传部评为“十百千工程”文艺培养对象。

陈少珊：表面与内里的矛盾统一

曾经和一位画家聊天时谈到画家陈少珊，他说少珊老师是一位真正的画者，同行这样的评价应是一种发自内心的认可，那么这位“真正的画者”有着怎样的艺术创作与艺术人生呢？

第一次接触陈少珊精丽典雅的画作与看到其名字时，还差点误以为是位女性画家呢，但细看作品内里的骨力与雄浑而不张扬的画风又觉得应非女子所为。表面与内里的矛盾统一正是陈少珊其人其画的最大特色：他长发及肩、身材矮小却声音沉实爽朗、做派稳健豪迈；画风精致典雅、造型严谨却抒写轻松、鲜活自然；待人谦和低调却内心强大自信……一切看似矛盾却又兼容调和，自然而然，正是这样的陈少珊老师给了我们许多想象的空间。

当下很多工笔画乐于依靠制作出效果，而在水墨上用功较少，但陈少珊的工笔画却更多体现在笔墨的抒写上。他将写实与适当的变形结合，运用笔墨呈现出黑白灰层次的丰富变化，并因应形体与画面表现的需要，勾划提按，轻重缓急，笔尖、笔肚、笔根都能运用自如；浓墨淡墨、渴笔润笔，用墨上浓淡干湿也恰如其分。他充分借鉴前人的笔墨技法，也积极探索独到的个性表现，造型上反复提炼，从而形成了自己的特点样式，一花一鸟、一草一木都会带上个人思考的烙印。

对于色彩的尝试，陈少珊既观察自然又不完全取决于自然，往往与自然拉开距离，在古朴中寻找新意。他用色比较主观，以色彩体现个人修养，不同色彩的搭配与调子体现了作者艺术的见解与修养的层次，体现出作者的人文气质，从而区别于许多被归类为匠气的工笔画。

工笔画要脱俗和规避匠气并不容易，对以工笔画闻名的陈少珊来说，本来写意画与工笔画就像弹古筝与玩杂技，风马牛不相及的，但他既擅工笔却也能写意，而且得心应手。历来两者兼顾且玩得好的就极少，陈少珊持着自身对艺术史的深入钻研和对画理画技的精到理解与应用，画起写意画来也毫不逊色，作品中充满主观的表达、人文情怀的流露、书法线条的灵动、挥毫泼墨的意蕴……

兼顾大量写意画的探索后再回到工笔画上来，使他的工笔画里隐现出一种野逸与抒情，一种清新与空灵，一种举重若轻的自如自在；哪怕留白，也是恰为其需的空白，是无中的有，是空中的实，是根源于传统又有助于画境体现的虚化与想象……但是这一切写意的挥洒又保持了在工笔范畴里的掌控与法度。陈少珊说，如果工笔画中因写意的探索而使画作变成了

梅石烟岚

陈少珊

金贝堂之秋

陈少珊

写意范畴的作品那就没意义了，工笔画很多人画得很工细，看起来累固然不好，但有的人在工笔中探索写意却控制不了尺度或者转向了写意画，这也不好。

工笔画的发展既要有对传统艺术的挖掘应用，也要有对现实生活的关怀与对当代审美的理解。作为广州美术学院教授的陈少珊在这方面有着天然的优势。多年学习积累和教学研究以及广泛的学术交流使他学识渊博、脉络清晰，经常带学生的教学相长与蓬勃朝气以及外出写生对自然的了解感悟，也使他的创作既有物象的真实可信，又有形象的鲜活与浓郁的时代气息。其实很多工笔画老师没法同时带大量学生，但陈少珊却可以给高研班的、研究生的、本科生的数十名学生同时段穿插进行教学。

他对每个学生的性格气质加以区别，并分析哪个学生适合画哪些画种，因材施教，而且对学生的判断是综观全面而不仅仅局限于某一幅画，同时又考虑到整个班级整个集体的不同，不陈陈相因，不千人一面。工笔画个体操作容易，群体创作而不类同是比较难的，这些在教学中都要有所思考，这也是许多工笔画老师教学的难点。陈少珊先集中给学生讲大课，再让学生分组讨论，然后由学生选图出稿进行创作，过程中具体问题具体指导，于是即使带数十名学生都可同时进行。

对学生，他不太区分是初学还是学了很久，专业与否并不重要，因为哪怕是老师也有长期不画画的。其实往往初学者更投入，更可教，只要补充基本知识，每天投入时间多一点，初学的后来居上也不太难。他针对学生的实际情况制定不同学习目标，设定一套相应的办法来完成学习计划，做到心中有数，实施有步骤。学生哪怕年纪大点也可以，他的学生大到60岁小到20岁都有，年龄跨度非常大。

教学上他定时辅导，把脉问诊，严格要求，特别强调学生要收集创作素材，没有素材的积累与理解不可能学好绘画，要善于站在前人的肩膀上求进步。他采用欣赏课、鉴赏探讨、技法演示、制作补充、现代工具琢磨等几十种到上百种方式进行介绍指导和尝试，然后让学生从小品到大创作，一步步呈现出令人意想不到的效果。

陈少珊说画画就像写文章，要有话说、有想法表达才开始画画，就像写文章也要有感而发。当画家发现有尚未表现过的东西就应积极去表现，要尽量发现别人没留意到的东西。

其实工笔画对传统古典艺术的挖掘还是不够的，陈少珊提倡要有古意。评价画作的优劣就是“神、妙、逸、能”这些标准，画的创新与守旧是一方面，优劣则是另一个方面，我们的民族我们的生活中有许多美好的东西，何必在乎新旧，为什么不积极去表达？

陈少珊说，画画也不是画得熟练就好，不仅要有氛围的酝酿和表现的营造，还要了解历史，要站在历史的角度去思考问题，我们可以不重复前人，但要借鉴前人的宝贵经验，思考自己的着力点，创新也要是有源之水有根之木。画画追求内涵也追求形式美感，美感应隐藏在物体的内在，然后转化为点线面的形式，通过点的提炼、线的组合、面的结构进而融会贯通，有机融合，体现出作者当代的表现与对世界的理解，这才是艺术创作的价值所在。

2018年4月

大吉之三

陈少珊

李卓祺：1954年生，曾任广州艺术博物院院长、广东民间工艺博物馆馆长，现为广东省书法家协会理事、广州市书法家协会副主席、广州市人民政府文史研究馆馆员、广东省非物质文化遗产保护专家委员。先后为广州博物馆、广州市文化馆、白云山公园、雕塑公园、越秀公园、南海神庙、广雅中学、纯阳道观、广州城隍庙、广东省松园宾馆、广州市政协贵宾厅等著名文化景点及重要场所书写馆名、对联、碑文和书法作品。出版有《广州书法家——李卓祺作品选》《李卓祺书法作品集》。

书法艺术创新要有章可依有迹可循才富有生命力

能让人记住的艺术家除了个人性情和社会影响力外，更重要的在于其作品的扎实基础与渊源的传承、生活的悟修及学养的融合等面貌。书法家李卓祺就具备这些特点，他谦虚随和、与人为善的性格吸引了众多的朋友与粉丝。在从事文物博物工作40多年的实践中，他刻苦研习历代各种书体，并以左腕书写，其最受关注的还是有庙堂之气的爨宝子碑体。如今，广州博物馆、广州城隍庙、永庆坊等广州的许多标志性建筑以及省内外许多其他重要景点由他题写的牌匾与铭刻，均说明了他在业内与社会上所具有的影响力。

李卓祺对爨宝子碑体情有独钟。这种书体源于魏晋时期隶书向楷书的过渡，盛行于南朝，以古拙放达的金石况味与奇崛率真的古朴意涵而为人所喜爱。《爨宝子碑》源于云南曲靖，真正将其发扬光大的却应是广州的书法艺术家们——从李济深、秦咢生、赖少其，再到当下的周树坚、李卓祺等等。也因此，李卓祺扬长避短，逆笔重构，把在爨宝子的变化上摸索一条新路作为自身长期思考的命题。

以前广东书坛在爨宝子碑体的造诣上以书艺名宿秦咢生先生最受认可，20世纪80年代常有一些书画家雅集挥毫之类的活动，当时年轻的李卓祺常常出现于这些活动现场。一次广东工艺美术大展上，李卓祺见到秦咢生写的爨宝子碑体豪爽强悍、朴野率真，提出想学爨宝子碑体的愿望。秦咢生当时告诫他说想学的人很多，但学好却很难，李卓祺还是一头扎进对世上仅存的二爨碑的临习之中。从对临、意临到多次整体双勾，不断地临习与思考，以至于他闭上眼睛都能背出来了。

勤奋是一方面，名师点拨更重要。著名艺术家廖冰兄先生提醒道，可把这种书体视为铁塔的形象，仰视之可得厚重稳健的形体；书画大家赖少其先生提醒他，要注意与碑记的本身拉开距离；秦咢生先生建议他坚持左笔韵味的路子，体现更强的艺术性……在众多名家的指导下，李卓祺在爨宝子碑体的研习中进步很快，并融入自己的特点。他在结构上把不对称柔化，将头重脚轻的形体匡扶得更为平正，并发挥左撇子逆笔的厚重与拙野，形成自己在爨宝子碑体上端重古朴、奇崛率真、气质高古的书风。后来，基于大量临学多种书体，他甚至尝试掺入隶、碑、帛等书体，形成了一种独特的简隶书体。

李卓祺一直在文博系统工作，在陈家祠便守了30余年，在此期间任广东民间工艺博物馆馆长，还有五年任职广州艺术博

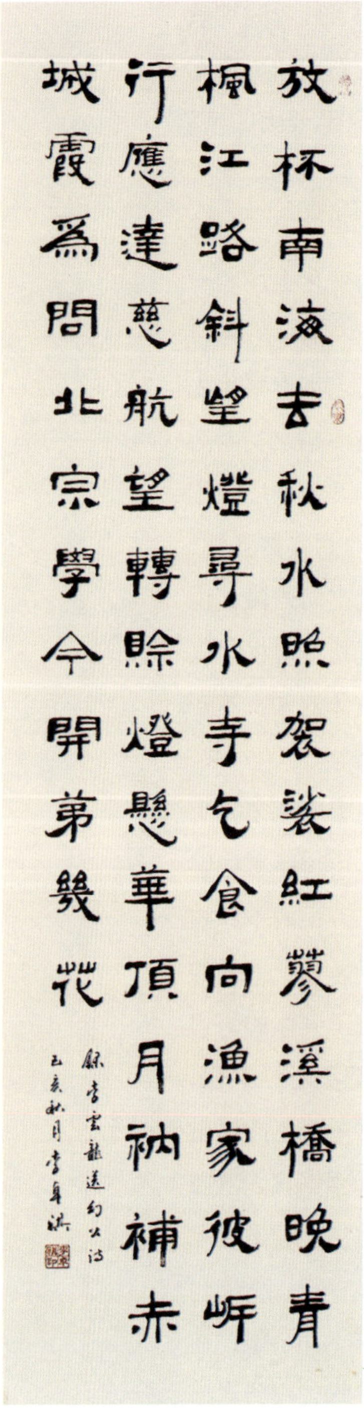
放杯南海去秋水照袈裟紅蓼溪橋晚青
楓江路斜望燈尋水寺乞食向漁家彼岸
行應達慈航望轉賒燈懸華頂月衲補赤
城霞爲問北宗學今開第幾花
錄李雲龍送幻公詩
己亥秋月李卓祺

书法

李卓祺

物院院长的经历。他广泛接触民间工艺，也饱受大量高雅艺术的熏陶，在与名家大师、名流政要的交往中，汲取了丰富的艺术营养。独特的经历贯通了他高雅与民俗的审美视域，使之超越一般文人书法固有的视野。日积月累，他从“实用主义”到“量变质变”进而“形而上”的艺术考量与自由书写，达至挥洒自如，风格多样，备受好评。社会各界对他书法的索求日益增多，他为广州市乃至广东省多处文物、园林、寺庙等文化景点书写馆名、对联、碑文等；其作品被多家博物馆和美术馆收藏。

李卓祺天生就是左撇子，与刻意求变而为之的左书不同，他的左书逆笔别有拙味，作品却看不出左手的痕迹，非但左手痕迹不明显，在多种书体融合中依然不失中正气韵，呈现出儒雅自然的气质。这源于他注重发挥擅长各种书体的优势，把爨宝子与各种书体结合，找到了新的突破。一是将爨宝子的写法转变成行书的表现形式；二是将汉简与爨宝子结合，突出汉简的率性；三是反其道对爨宝子强化隶体的书写，减少楷书的味道……李卓祺还在书写工具上做文章，从“七紫三羊”到“纯羊”“茅龙”等，尝试不同笔具在不同字体上的表现。

各种求新求变之中，李卓祺也明白这仅是“技”的修炼，更为重要的是“道”的修为。他强调要多读书，多吸取前人的文化积累，力求去匠气，强化精神层面的艺术追求。他说有许多同道中人，由于精神层面的修为不够，在求变求突破的时候变得越来越“狂、怪”，以致走入了歧途，这是他要引以为戒的。

时代赋予书法艺术新的要求。问及李卓祺如何评价当下的书法创新与书法作品，他答曰：好的书法作品应该有书卷味，应该在传统审美中讲求创新。但创新绝不是刻意求变，而是持之以恒的磨炼以及善总结、多思考、敢摸索的尝试后自然而然的呈现。相较于传统书法作品多产生于书斋，以文人学者创作

书法

李卓祺

应用为主，更具有实用性，随着生活方式的变化，书法的实用功能减弱了，更多的是出于展览与装饰的需要。因此，一些创作者为了追求视觉效果，常常因展览而书法，乃至各种通过装裱技术和科技手段的“现代书法”纷至沓来。李卓祺认为这偏离了书法艺术的初衷，对于没有文字学基础，书写错字漏字却称之为艺术效果的倾向是担忧的。

李卓祺更倾向尊重传统的创新，谦称自己“功夫尚浅，但好在是个明白人，仍不满足”，并清醒地认识到只有基础扎实才能走得更远。其实，在书艺高峰上往前每迈一步都是相当不容易的，研习越深入他越认识到自己的不足。但反过来，正是这种“知不足”支撑他在书法道路不断前行。李卓祺认为，他们这一代书法家应该走得更高更远，在传统的基础上，在老一辈书家的肩膀上，不满足于形似神似，不重复于机械临摹与借用，而是突破窠臼，求新求变，拓展空间，探索新领域。

李卓祺对曾经流行一时的“丑书”是持否定态度的。他提倡守正出新，却没有固守书斋。他认同“笔墨当随时代”，随着时代与生活方式的变化，他的创作数量及风格也多了，面对的各种楼宇殿堂、现代建筑与园林景观的题匾需求络绎不绝，这与其以往的尺牍书写形式大为不同。他说，将字体放大百倍千倍仍要耐看是一种考验，必须具备扎实的基础并赋予字体以笔墨精神，这方面画家的探索比书法家先走了一步：许多场所的国画巨作开创了新风，适合新时代的需求；而与视觉效果丰富的国画不同，抽象形式的书法以巨作、榜书等形式出现，更加考验书法家的功力。

不过，李卓祺并没有以其能巨书榜壁而沾沾自喜，他认为个人对书法形式的选择与个性相吻合，能入书斋，能登大雅之堂固然好，不宜彰挂巨壁宏景，固守书斋也无妨，哪怕进入寻常百姓家也是一种能耐，只是好的作品一定要经得起历史的考验。书法艺术总是见仁见智的，一种优秀的艺术形式不会横空出世，传承也好创新也好，总要有章可依，有迹可循，才容易产生共鸣，才富有恒久的生命力。

如今，李卓祺对“与书俱老”深有体会，他说退休后心态的调整与时间的自由使他在书法艺术上又有了新的感悟。已过耳顺之年的他，不被时代风气所裹挟而随波逐流，他有更高追求的思考和应有担当的精神，愿以淡泊与真诚扩大书法艺术真、善、美的影响，坚持艺术的纯洁性，肩负起历史与时代赋予的使命。

2020年1月

苏小华：1983年毕业于广州美术学院中国画系。现为一级美术师、广州市政协书画院副院长、中国美术家协会会员、广州市文史研究馆馆员、广东省非物质文化遗产保护工作专家委员会专家。曾任广州美术馆馆长、广州书画研究院副院长、广州画院副院长、广州市美术家协会第四至六届副主席、广州市第十一至十二届政协常务委员。

艺术创作归根结底还是要思考

一直说要找苏小华老师聊聊天的，但却一直被日常琐事耽搁了，直到某一天临时邀约才去到广州市水荫路老广州画院拜访。甫一进画室，扑面而来的是一股清新淡雅的气息，室中窗明几净，窗外树影婆娑；画墙上铺开整齐的宣纸，或图已成画，或形之将就，或素纸一张，表现出苏老师日常的创作状态……

观苏老师的画，只见鲜明的笔触或婀娜或奔放，缤纷的造型或清秀或饱满；丰富的色彩协调统一而又雅致清新；生机盎然的景象中盛放的花果隐约含羞与青涩犹存；传统的图式与岭南的风貌在她笔下洋溢着时代的气息……画如其人，苏老师和蔼的笑脸中有一种自信与倔强，朴实的言谈举止中不乏一种知性谦和的气质。她既画画也写一些随笔，文章写得平实却意蕴悠长，从画中流露出的女性柔美善良的一面也可见其向往美好与热爱艺术的追求。

苏小华喜欢画兰花，但不限于传统“四君子”中的墨兰，洋兰也是兰，色彩斑斓，形式多样，据说有四大类几万个品种，够她纵情演绎的了。特别是，广州有一个兰花主题公园兰圃就在她家附近，她有空总会去走走看看，那里几乎成了她的精神家园。说起来也凑巧，苏小华住家附近总有她艺术的“路标”，小时候就住广州美院附近，两岁时她的姐姐苏华就开始带着她去美院玩，姐姐哥哥都在美院读书，可以说她也是在美院“混”大的。

说起小时候，苏小华也有过一段艰辛的岁月，八九岁时便上街帮母亲卖报纸帮补家计（作者注：本书介绍苏华老师的文章中亦有提及)。“文化大革命”时期，每天有百来张报纸，她就用麻袋拖着走，想办法卖完，从而锻炼了她“做什么事就要做完”的意志，也形成了其自立自强的个性。她15岁时就边读书边为《广州青年报》画插图，1973年中学毕业后便到杂技团做美术学员，在1979年恢复高考后考入广州美院，居然成了带薪的学生，每月32元工资，成了那时学生中的有钱人！

美院毕业后，苏小华被分配到广州美术馆工作，一干就是20年，主要做收藏研究，整理藏画，由此看了很多古画，特别是宋画。在那个年代，她的工作单位在广州越秀山上，花木繁茂，清风徐来，与世无争，对于一个国画家来说，这是多么难得的滋养。

虽然在美术馆的工作对苏小华来说很受益，但她总希望去专业的创作机构，后来去了书画艺术研究院，开始了她忘我的美术研究与创作。苏小华说她是慢熟型的，也是能画得很好的，

一书一茶一椅一花

苏小华

她不妄自菲薄，相信以往积累的基础在以后的日子里会慢慢显现出来。她母亲从小就给她灌输了做事要持之以恒的思想，她认为自己也是“铁娘子”，不服输。她现在虽然年纪大了，但在国画艺术上仍年轻，仍有不老的追求，仍要保持焕发的精神。特别是，书画艺术研究院后来并入广州画院，她边工作边创作，一直保持着旺盛的创作状态。她说每天都执着于同一件事，相信傻子也会成精。

苏小华觉得自己是幸运的，她们那一代从美院出来的人，现在坚持画画的没多少，女性则少之又少。新画院落成，在她退休后老画院仍给她安排了一间好画室。这间画室不仅敞亮通透，光影树荫，更重要的是前几任主人都在这间画室中创作颇丰，大有成就。他们分别是花鸟大家陈永锵、已故油画名家陈舫枝，还有年轻名盛的罗寒蕾。她便觉得这间画室气场十足，她喜欢在这里待着，心情愉悦，更勤于创作。

苏小华的创作以花鸟画为主，她说山水画以壮美为高境界，这不是女性的优势，花鸟画要优美，符合她的性情。而她最早喜欢画的是人物，但画人物需要模特，不容易找。画花鸟则不同，公园里很多，走走看看就有感觉了，容易发挥自己的长处。花鸟画虽然对形的要求没那么高，但对笔墨、意境、情趣等其他方面的要求高。苏小华身边的人都在画画，家族几乎也都是画画的，从她母亲算下来的姐妹、甥侄便有八名女画家，姐夫林墉更是大画家，应该说是艺术上富有影响的“南粤一家”。但苏小华认为出不出名不关她的事，总觉得她的下一张画会比上一张好，她更享受创作、享受过程的乐趣。与“美”打交道是她的生活方式，她生活很充实，很满足，很愉悦，很有幸福感。

作为女画家，苏小华曾经因行政事务、照顾家庭，画画少了，她说现在要补回来，“一个画家有没有成就，要看他的废

夏风

苏小华

画有多少”。画画只看画本身，不分男女，男性审美和女性不一样，但女性也有女性的优势；画画也不分年纪，年轻有年轻的动力，年老有年老的阅历，什么事情都有两面性，找好的一面来发挥。苏小华曾经画过工笔画，工笔画有工笔画的构思与情感；也曾经喜欢油画，油画有油画的表现与特点；还曾经做过舞台艺术，舞台艺术有舞台艺术的形式与构成。这些阅历都没有坏处，都有营养，应用在现在的国画上都有帮助。

在什么山头唱什么歌。进入广州画院时，其他画家的作品频频入选全国展，频频获奖，她也恨不得创作一件不一样但能获奖的。现在退休了，就不再参赛了，走的又是另一条路，比如揣摩技法，比如练字补书法的功课，比如捕捉情感表现情绪……不断地画，不断地提高，数量多了，质也变了，状态也更好了。

艺术创作要思考也不要思考太多，归根结底还是要思考。苏小华说姐夫林墉告诉她，有六成感觉就可以开笔了，她的创作就是这样，不用想太多就开笔，边画边想，花鸟景物自身就有美感，主题先行也好，技法先行也好，都能成就一幅好画。

比如她和侄女、画家林蓝都画花鸟，都受岭南画派鼻祖“二居”的影响使用撞粉撞水的技法，但她常带主题，林蓝不带主题，虽然是一家人，但天性不一样，风格就区分开了。艺术的本质就是挖掘内心世界，她在画中探索慢、涩、拙，也在画中表现飘逸与飞舞，这都是能力，都是表现的需要，没有哪个好哪个不好。

现在时代不同了，世界的联系密切了，身边花木瓜果的品种也多了，如何不再仅仅重复传统，如何不再只是取材于山野农村，如何表现时代，如何表现城市感，如何探索自己更多的可能性，这些也是苏小华思考的，所以在她的花鸟作品中看到了栏杆，看到了路牌，看到了绿墙，看到台阶花砖……看到了现代构成，看到了时代色彩；还看到了她尝试用茅龙笔去表现一种率野的张力与质朴……她的画作，不仅仅有怡情小品，还有宏大叙事；花鸟画一样可以喜怒哀乐，一样可以大气磅礴；小情小调是一种，宏观视野也是一种。

苏小华的思想活跃着，创作炽热着，作品也变化着。也许，我还应不时地再来看一看，和她聊一聊。

2018年10月

和风畅日

苏小华

苏华：广东新会人。1966年毕业于广州美术学院，曾在北京、南京、广州、青岛、长沙、深圳、珠海、汕头、香港、澳门等地举办个展和联展。出版有《苏华画集》、《苏华书画》、《苏华书法艺术》、《广东书法名家作品选》、《苏华写意花鸟》、《林墉苏华访问巴基斯坦画集》（合作）、《苏家美术馆藏画集》（合作）等。作品曾获广州红棉艺术奖、广东省美展银牌奖、巴基斯坦总统颁发的“卓越勋章”。曾任广东省书法家协会副主席，广州市美术家协会副主席，苏家美术馆名誉馆长，广州画院艺术委员会主任，国家一级美术师，广州市第十届、第十一届人大常委会委员，享受国务院特殊津贴专家。

苏华：认识别人容易，认识自己难

“‘成功的花，人们只惊慕它现时的明艳！然而当初她的芽儿，浸透了奋斗的泪泉，洒遍了牺牲的血雨。’冰心大姐的这个警句，好美丽，好诗意，好深刻，打动了多少人的心扉，挂在多少人的嘴边。然而，真的把它落实在行动上，那可得具有坚强的意志，非铁了心不可！尤其是女人，要在事业上开出成功之花，就要花上几倍于男人的心血，简直是苦苦爬行哇！”

这是著名书画艺术家苏华老师曾经写过的一段话，情真意切，感触良深，这里边有她艰辛成长历程的感慨，又有她作为女人与艺术家之间难以平衡的述怀。尤其是苏华老师从新中国成立之初、艰苦奋斗乃至风云变幻的年代走过来，最终一家三

荔乡五月

苏华

赵村

苏华

口都成了卓有成就的艺术名家，这里面，有她对丈夫的支持照顾，对孩子的培养爱护，对艺术的执着追求……但苏华却仍认为自己对丈夫、对孩子、对亲友付出得不够。她说，作为女性，出于为家庭付出的责任感，少不了要分心，成才的机会就会少些，但她自己对艺术的热爱萌发于幼年，是一种初心，是挥不去、剪不断、理还乱的情愫。

苏华自幼就对书法有兴趣，六岁开始临柳公权的帖，临得好家长会有奖励，这培养了她的兴趣。考上广州美术学院国画系，学校请来麦华三老师指导书法，她就特别认真地临，认真地学，可以写很像老师的字，也临了许多历代名家字帖，最终她还是写得跟老师不一样。艺术是真诚的流露，这不是标新立异，而是气质不一样，是发自内心的表达不一样。

苏华在美院主攻的是国画，但这么多年来只要创作出现瓶颈，画不下去，她就会花时间去练书法，写到一定程度有所悟了又开始画。苏华对书法是有天赋的，每每谈到一首诗，她脑海便会浮现出这首诗的书写构图、结构、排列与节奏，哪怕干湿浓淡与沙笔渴笔都有一种画面感浮现，她说这源于一种训练，一种写得多了自然会有的感悟。

虽然自幼喜欢书法，但苏华也自幼与美术有缘，10多岁时，广州美术学院的前身中南美专从武汉迁到广州，就坐落在她家附近，从此她常常带着弟弟妹妹去美院玩，感受艺术的气息。苏华在广州美术学院国画系最初学的是山水，师从黎雄才、梁世雄等老师。当时学山水的女生非常少，她之所以选择山水专科，是因为她觉得山水画饱含中国画的传统笔墨。虽然那个年代热门的是人物画，但人物画关键是造型，笔墨稍少，而她内心更倾向的是那种笔墨淋漓、大气磅礴，于是，便画了10年的山水。

10年间，她能看到的多是广州的白云山、越秀山，或者省内周边的小山脉小丘陵，大山大水的话只去过两次黄山，对山的认识仍是不够的。囿于当时条件，她又不愿仅仅临摹古画，更喜欢走进大自然，表现熟悉的有感情的景物和生活，所以她转而创作起珠江三角洲的水乡题材，画竹林茅寮，画河涌村庄，画阡陌小桥，画水塘田基……但这些图式与表现方法前人的作品中少见，当下也少人画，找不到借鉴与比较，自己也不是很满意。于是又转而试画花鸟，顿感得心应手，又写书法又画花鸟，线条墨韵、情感意气在她的大胆取舍中更突出了主观意象，表现出笔情墨趣，更符合其自身的气质与意愿，从而获得了更丰富多元的表达。

苏华说，认识别人容易，认识自己难，自己是什么料就适合做什么事，人的基因决定天生的气质，什么种子开什么花结什么果，人为改造是不对的，只有因材施教、适才而育、顺势而为才能结出好的果实。艺术也一样，发挥所长才有成果。

苏华曾花了一年的时间梳理自己多年来的书法与国画并分别结集，从而对自己又有了一个新的认识，认识到自己是一颗“冬瓜”，于是朝着“冬瓜”的方向期待长成更好更大的“冬瓜”，如果对自身的情况视而不见、听而不闻，那将南辕北辙。她新买了一批较大的笔，书法也好绘画也好，更放更泼才是她自己的。艺术是在生活中形成的，艺术是内心追求的体现，据说工笔国画大家何家英最初也没有想走工笔的路，画了很多写意画之后感觉并不强烈，无意间画了一张工笔画，竟然大受好评，自己也发现更适合工笔，从而才有了后来的成就。苏华觉得虽然年纪大了，气力稍欠，但书画艺术用的是心力，待人谦和但内心强大、个性倔强的苏华向来是不乏心力的。

苏华认为艺术家成功的原因是才华加勤奋，没有才华再怎么勤奋也没用，磨刀磨背不磨锋一定成不了；当然，才华也要

胡椒园

苏华

靠勤奋的砥砺才会锋利与闪光。她饶有兴致地谈到，油画名家陈衍宁被聘为英国女王画像和为王室成员作画，是够风光的了，但小时候在国内时，他一家三代人睡一张床，兄弟姐妹八人住过树屋，没有勤奋没有努力哪有后来的成就。苏华也一样，姐弟妹五人攻读美术学院，靠父亲在邮局微薄的工资养活一家七口，母亲为帮补家计去卖报纸，母亲哮喘病发作时，小妹苏小华八岁就得上街帮忙，身材矮小的她拖着一大麻袋报纸沿街叫卖……说起小妹时，苏华眼光莹润，似乎有点痛惜。苏华说贫困于自己也是一笔财富，当年美院的学生基本都是城市贫民，家景好的则多去读军工之类的专业。

毕业后，她与林墉刚结婚就被分配去了阳江工作，夫妻两地分居，日子艰难。那个年代要想重操画笔是要争取机会的，女儿林蓝刚出生三个月时，正好湛江地区博物馆需要展出一批国画，征求苏华是否愿意去画，一直想着要画画的苏华遇到这个机会，咬咬牙毅然背起孩子就去了。一路颠簸，从阳江背到湛江，坐了七个多小时的车，还没地方住，被安排在别人家的客厅中间临时安张床。在那吃不饱身体差的年代，孩子也没奶喝，难免哭闹，夜晚她自己带，白天托人管，自己便投身画画去了，有时甚至一手抱孩子一手抓画笔。

苏华表示，虽然喜欢画画，但可以画画并不是必然的，有困难就得自己去克服，那个年代是只问耕耘不问收获的。后来，她调回广州被安排去出版社，但却一直向往画院，不断创造条件，终于成行。在广州画院的时光，她终于有完整的时间可画画，可以做自己喜欢的事，可以在艺术的天地里尽情遨游，这已经让人感到很幸福了，过去的艰辛已过去，没有什么可埋怨的。

苏华说现在也没什么牵挂，除了艺术，或者还有自己的健康与家人的健康。年近八旬的苏华每天都去游泳，然后才写写画画或者做其他要办的事，生活上比较随性适意，她认为只有身体舒服才有精神做事，身体病痛了就什么事都做不成。女儿林蓝虽然行政事务很繁忙，还要兼顾艺术创作，但基本每天都回来，一起吃吃饭聊聊天，林家几代人都是校友，都爱好艺术，都是同行，聊天自然投契。

苏华说，以前有很多想法，躺在床上就想着要做什么，想得很开心，现在一切都变成随遇而安，幸运的是自己此生能有一门爱好，所以这把年纪不用去跳广场舞来消磨时光。艺术伴随一生，是爱好，又可美化生活、改善生活。艺术的世界是一个自由的世界，可以随心适性，自由发挥，表现自我，没有争斗，没有是非，多好！她的豁达溢于言表。

2018年8月

郑阿湃：1966年11月出生于广东省潮安县，1990年毕业于广州美术学院中国画系。现任广州画院代院长、广东省中国画学会副秘书长、广东省美术家协会理事、中国画艺术委员会副主任、广州市美术家协会副主席、暨南大学硕士研究生导师。

“不知足”的郑阿湃

画家郑阿湃觉得自己从记事起就喜欢画画了，后来又觉得其实是父亲喜欢画画而让自己“被喜欢”上画画的，因为父亲与著名画家林丰俗是发小，他们一起学过画画，但父亲没考上美术学院，于是就有意识地让郑阿湃学画画。有了他父亲与林丰俗老师的这层关系，郑阿湃学画就有了得天独厚的条件。

以前林丰俗老师每年回乡探亲都住在郑阿湃家，经常教郑阿湃画画。家中至今还保留着许多写着“阿湃看看”“阿湃学学”的示范画作。林丰俗老师曾带他拜访方楚雄老师，方老师不仅教他画画，还送了他一幅画。后来，郑阿湃读美院时就跟着方楚雄老师学画。有了系统的学习，不仅基础扎实了，还懂得什么样的画是好画，不好的画如何不好。有了标准也就有了努力的方向。

两位广东花鸟画大家引领着郑阿湃在绘画艺术的道路上不

断进步。

也因为与林丰俗老师的关系，郑阿湃很早就认识了林墉老师，有一段时间他们几乎天天在一起，那是林墉老师在从化疗养的时候，郑阿湃当时在从化工作。但林墉老师很少与他聊画画，更多的是聊人生，聊怎么做人。郑阿湃说他很感谢林老师，因为一路走来，人生许多大事都有林墉老师的指点和帮忙。

郑阿湃参加了广州画院第一次面向社会的公开招聘，他是当时国画成绩最高的应聘者。进入广州画院工作后，郑阿湃最大的感受是终于可以有大创作了，而且创作上更多地考虑到各种参赛参展和历史题材、主流题材等因素，开始了一些时政相关的主题性创作，也开始把人物、山水都画起来了，甚至走进部队去写生。

从小画写意画的郑阿湃，在人们的印象中却是一位工笔画家，这是为什么呢？郑阿湃在广州美院上学时的班主任是工笔大家苏百钧，老师万小宁也是工笔名家，受他们的影响，郑阿湃开始研习工笔画；读研究生时跟着方楚雄老师学习的虽是兼工带写，但还是偏工笔的；而且郑阿湃自己也很喜欢工细的宋画。他记得当时出版的一套两册《宋人画册》，定价达500元，在那个年代对一个学生来说这可是一笔不小的费用，但他毫不犹豫地买了。他非常喜爱这画册，时常临摹，并把自己临摹的画拿去售卖，记得扇面画最好卖，临宋画小品可卖到50元一幅，这些收入补贴了他的生活，工笔画的水平也从而磨炼出来了。这让他早期参加展览或评选的作品入选的往往是工笔画，也难怪人们对他有“工笔画家”的印象。

这几年郑阿湃更注重写生，参加学术展出的画作也以写生画居多。他几乎平均每天画一张写生画，一年下来，留下的写生画就近三百张。

大湾区来客

郑阿湃

晚春

郑阿湃

郑阿湃认为画画是手头功夫，光说不练是不行的，画画上的很多问题，就是在手头磨炼中解决的。

从写意到工笔到写生，郑阿湃就这样画个不停，但他却总觉得没有一样是他擅长的，每次创作，到最后他都不够满意，特别是画作展出时，虽然收获了赞美，他却总觉得需要改进的太多。为何如此？他想起从小到大父亲总是强调要“多读点书”，书越读越能发现自己的不足，对自己的作品要求也越来越高，总不觉满意。

尽管写意、工笔与写生是郑阿湃的主要创作方式，但郑阿湃认为工笔绝对不是写意的基础，很多工笔画好的画家，其写意画不见得出色，工笔画画多了，画写意画时放不开；写意则反而对工笔会有帮助，比如构图的灵活性和意蕴贯穿其中。他认为写意比工笔难，写意画要求略施笔墨就能将主旨表达到位，而且创作与心情及个人的性格有关，更多的是意境与内涵的表现；而只要有基础，画家就能将自己所想完整准确地通过工笔画呈现。至于写生，锻炼的是画家的造型能力与构图能力，写生应带着问题并为解决问题而去，采用什么手法是随机的，通过手法与画面的处理去解决创作的问题，去表现作者的思考并形成作品的面貌与风格。郑阿湃认为一个人的风格是自然形成的，不应把表现手法当风格，个人作品风格的形成应顺其自然。有的人也许很早就形成了自己的风格，但郑阿湃却依然有着林丰俗、方楚雄等老师的影子。陈永锵老师也曾教给郑阿湃很多绘画的道理与绘画处理的手法，这些对郑阿湃的作品面貌变化也产生了一定的影响。要形成个人独特的风格，郑阿湃认为自己还要不断涉猎不断提炼，并且在这个过程中舍弃很多东西。作为专业画家，画院的平台对郑阿湃有很大的帮助和促进，在这里他可以一心一意地画画和思考，在这里看的东西和在其他行业不一样，他的审美水平也在提升。比如，进画院前他觉得花鸟画有点小情趣、有意境就够了，进画院后思路产生了变化，更多地将花鸟画与思想、历史、更宏观的思考挂钩。

郑阿湃想做的事很多很多，很多想画的画、想表现的画面仍停留在脑海里，有的想了十几年仍没动笔，因为还没想好。有时候他觉得画画也是很讨厌的，天天变化、天天进步不可能，但天天重复又会心生厌烦。郑阿湃认为画得好或不好是个人综合修养的问题，但偏偏修养的提升又是无止境的，所以他永远都不满足且一路进取。

也许正是因为这种内生的自我加压与自我要求，郑阿湃在艺术上才会不懈耕耘、不断变化、不断进步。他的不满意，其实是自己不断对自己提出更高的要求。在他人眼中，郑阿湃是一位不断提升、日渐丰满而且富有独特个性的艺术家。

2019年11月

郑阿湃写生

郑阿湃

方土：1963年生于广东惠来。现为中国美术家协会理事、中国画艺委会委员，中国画学会常务理事，广东省美术家协会副主席、中国画艺委会主任，广东省中国画学会执行会长，广州国家青苗画家培训计划召集人，广东省宣传思想文化领军人才，广东省中青年德艺双馨艺术家，国家一级美术师，广州画院院长。受聘为西安美术学院硕士生导师，广州美术学院、华南理工大学、暨南大学和广州大学客座教授，擅长大写意花鸟画、人物画及山水画、实验水墨。

方土：自负、自信与自在、自觉

我和画家方土的交往可以说是“不打不相识”，当年和他不熟悉，但关于其自负与不羁则有所耳闻。在一次艺术活动上，人很多，当见到一油亮的脑壳从人群中晃动过来时，就知道身材不高的方土来了，于是迎上去打招呼，并捧送一册我新出的有关艺术鉴赏的书作，谁知他只是随手一翻，并耸动八字眉眨了下珠点般的眼睛，然后阖动满是胡子的下巴“嗯”一声，就把书往后递给了随从，什么也没说，走了……

顿觉“嚣狂”的气势扑面而来，心里不是滋味……一直到几年前我主持羊城晚报《名家话收藏》栏目时，有一个关于国画大写意的选题要找嘉宾访谈，竟有许多人推荐方土，于是才勉为其难约访了他。不过，这次见面却一改往日印象，一袭香云纱满脸笑意的他没了之前的戾气，谈吐之间思维敏捷，比喻生动，见多识广，旁征博引，而他并不知道我心里的过节儿，直到后来熟络了说开来才哈哈大笑，互当谈资……

许多人都说方土"聪明绝顶"，我问他可知有这个评价，他摸摸刮得光亮的脑瓜笑笑说"应是本事累人吧"，倒也不谦虚的。确实，自从方土主政广州画院后，成绩斐然，不少画家好像一下子便有了感觉与方向，创作激情高涨，作品不断在各种全国性甚至国际性的大型展赛中入选或获奖。访谈当天又有捷报传来，青年画家崔弥莱汇报说，"一带一路"国际美术工程项目的200件中外作品中，广东入选了4件，而广州画院就占了3件，真不简单。确实，这些年来富有活力的广州画院吸引了不少人才，方土更是不拘一格广招天下贤士，本来作为事业单位的画院要正式招纳一些社会人才并不容易，但只要是方土想干的事，他就不会轻易放弃，总是想方设法，上下游说，创造各种可能，并借助各方力量把事办成。

除了广招人才不断出成绩外，方土近年做得最有影响的一件事应是"广州国家青苗画家培育计划"了，他通过考核筛选把全国各地刚毕业或毕业不久的优秀青年艺术人才聚拢到一起，通过请名师授课和访名师工作室求教以及参加各种比赛展览等活动，为艺术苗子提供拓眼界、再教育、出成绩与推荐就业等平台……这确实是一件了不起的事情，由广州画院倡导并得到国家画院的支持，能长期持续地发挥影响与作用，确实为这方水土的艺术积累和发展注入了新鲜血液与活力，现在的苗子与未来的名家将难以忘怀这段经历。

我问方土为什么做这件事情，他说，当年艺术名家陈永

欧洲写生

方土

泉州写生

方土

惠安写生

方土

锵先生将他调入广州画院，他感恩“锵哥”容人用人的胸襟，他也要用“锵哥”关爱他的方式去关心年轻人，关心下一代，这才是对长辈最好的报答。每个有为的人生都是被人培养出来的，有为的培养就应一代一代传承下去。

方土确实在带兵领将与培养人才方面有着独到的做法与见解。他说近年来，在自身艺术不断向前奔进的过程中，突然感到后边的兵追不紧了，艺术的大道上许多能干的人被社会的其他渠道或诱惑分散了。回想当年他也去拍电影做广告和设计等等，如果不是内心热爱与机缘巧合，这片艺术土壤上可能就少了他这一株，其他许多本来适合做艺术的人也是这样离开了艺术阵地的，很可惜！所以他要尽可能地为优秀艺术人才提供平台，许多人调进广州画院很快就出了成绩，也可以说是他调进来了适合从事艺术创作的人。不过，方土又认为，画院的职能与其说是培养人才，不如说是发现人才。

做学术是个体的，发现人才是提供平台与机会，把个体的学术聚拢起来，就像吹集结号，形成群体的力量与气候。把人才召集到这个层面，让他们关注艺术，展现个性，表现学术理解，并在共同关注与比较当中与社会对接，体现出自身价值。画家更关注个人兴趣，但专业画家就像是职业选手，应积极参加国家和主流层面的展赛，评判标准高了，发挥好了，获得更多学术共识，受到更高水平的检验，才能体现出更高的价值与追求。

那么，在各种人才的引进、培养与繁忙的画院行政工作中，方土自身的艺术创作又是怎样的呢？其实方土没有放松自身艺术的磨炼与感悟，他同样参与各种高水平的展赛，同样承受着入选与淘汰的喜怒哀乐，从而以自身的成绩去说服别人。他觉得自己对艺术有着一种自然的归属感，或者说是对此已安身立命。艺术的追求永无止境，艺术体现了他的才华与情感，也给了他困惑和磨炼，但通过艺术他找到了自信，只要拿起画笔他便觉得体现了人生价值。

方土的艺术创作涉及山水花鸟与人物，多种多样，画风率意狂野，性情自在放逸，意蕴悠长，耐人寻味。之所以选择大写意国画，他说这应该感谢养育他的潮汕地区那片土壤，日所及手所触的都是富有艺术积淀的民风与传统的写意氛围，潮汕建筑的门楼与各种雕刻如此概括传神，一个画面展现一段故事，两笔勾勒一种意趣的形象，都对他影响深刻。他说虽然写意画中有一些看不到的东西，但作者的气息就在里面，这是一种可贵的状态。写意画创作过程中，应是拿多重的毛笔都好像没有笔的感觉，呈现的是一种忘我的状态，这种物我相融的自然呈现，是身心合一的舒畅。

方土的创作形式也是多变的。对于不断尝试各种画风、进行各种水墨实验的方土，着意风格显得造作与局限。为了所谓的风格不敢求变，使得许多人在艺术上停步不前，风格变成了枷锁，其实风格应是大器晚成，自然而然的。方土说，创作上更在乎的是用水的精神，水墨浓淡干湿，重在用水，水是中国画内在的东西，水洒下去渗透交融由不得你推算，这与西方画不同——西方画一色一染，一笔一点，几乎是可以推算的。对水性的把握既成就了作品，也体现了作者的人生观与世界观，上善若水，为人处世也如是。

方土说，中国画艺术之难就在于，每一位画家开拓一种画法，可能之后就会被推到极致，高峰往往不会留给后人，后人又要打开另一片天地，然后又再推向极致。就像写意画，一经出现，徐渭、八大山人等人就将其推到了极致，各种可能性也被多少代人尝试过，所以越是后来者越难有所超越。

西方艺术形式与观念进入中国之后，又改变或扩充了中国人的生活与思考方式，但人的情感与生活方式并不同步，所以艺术的形式受到新的冲击，但传统的中国情感却依然在起作用，就有了许多不伦不类的艺术，也有了许多维度与创新的可能。

方土说，唯有善于思辨、坚守本真与清醒认知、无畏探索才能攀上新高峰或渡向更好的彼岸。

2018年3月

许固令：海外华人书画家。1943年生，广东省汕尾人。1980年移居海外，先后定居香港、台北、悉尼等地。曾于20多年内游历30多个国家和地区，举办个人画展20多场，出版个人画集20多册。擅脸谱画，亦爱书法。因女儿取名晓白，故以“白父”为号，画室称“白轩”。现为广东省人民政府文史研究馆香港特聘馆员，广东省中国画学会顾问，广州画院名誉画师。

许固令：从事艺术是一种“高危”职业

在著名画家许固令从艺60周年之际，家乡汕尾市委宣传部为他主办了艺术作品展，阔别家乡六十载，这是许固令在家乡举办的第一次个展，更是汕尾史上最大型的展览活动之一，展出的作品都是巨作，有丈二整纸，有八尺整纸，有丈八、丈六、丈二对开，作品之大，让人咋舌；还有系列作品的艺术衍生品，其擅长的脸谱、荷花、风景等图式都在这片他倍感亲切的土地绽放……这么多年来的创作，许固令结集出版了20多册富有仪式感和装饰性的画集，这与他画作的时代感有关，也与他作品曲高和寡的个性有关，虽然他的作品中脸谱、荷花兼具，风景、花卉齐备，但最具影响力与学术性的还是他的脸谱画题材，这种饱含民族传统的载体在他写意与抽象的演绎中，风格独树，个性盎然，没人与其类同。而且经过几十年的积累，他的绘画题材从画几个人到一个人，从一个人到半个人，从半个人到一张脸谱，从一张脸谱幻化成无数脸谱，不断提炼不断变化，喜怒哀乐，千人万面，人生百态，五光十色，尽在笔下。

许固令为什么对脸谱画如此情有独钟？当然不排除他丰富的人生阅历，比如他游历30多年曾走过与生活过数十个国家和地区，有着大量可供参考的素材，深受东西方文化交融的影响。更关键的是他生长于戏剧之家与戏曲之乡，自幼便在热衷于戏曲演出的氛围中备受熏陶，加之父母是学者兼戏剧文化研究者，哥哥更是著名的戏剧理论家。先天的优势与便利的条件，使许固令很早就进入了戏剧文学欣赏层面。

细数起来，他早年便观摩了50多个剧种，500多场演出。舞台的概况、灯光的映衬、服饰的绚丽，还有表情、动作、唱腔……无数戏剧艺术的元素充盈着许固令的脑际。后来踏上书画艺术的道路后，更是受关良、韩羽与林风眠等古装戏曲武打人物题材的影响，从舞台入手画舞台，离开舞台写人生，以舞台人物叙述人生如戏、戏如人生的社会体验和美学理念。

许固令说，现代中国画的发展历程有两条既有区别又有交集的道路：一条是以齐白石、黄宾虹、张大千等为代表的侧重于内向革新和传统基础的路线，一条是以徐悲鸿、刘海粟、林风眠等为代表的倡导与践行中西融通的创新路线。无疑地，他更适合后面一条创作路线，有如当下广东的郭莽园从传统上求创新，他则从中西文化融合并侧重东方文化求创新，特别是他当年在香港曾经有一段向林风眠先生求学的历程，受林风眠的影响后，更为自然地走上了后一条中西融合的道路。

谈到作品在艺术市场上的表现时，许固令表现出一种坦然，他说脸谱画偏学术性，主要面对收藏家和一些收藏机构，所以

孙悟空

许固令

他很早就以花卉与风景作为市场补充去辅助其他社会收藏的需求。近几年，许固令推出的荷花系列也大受欢迎，与他合作的公司将复制品放在网上一个月都可卖出几十张，通常每件都卖到数千元乃至过万元。但他对待市场的态度是随性的，并不迁就，他说市场表现并不代表成就，也不代表作品的水平与学术层次，市场只是体现画家影响力的一个侧面。他的脸谱画偏冷门，却更有利于塑造个人的符号，可以做到极致。

曾有人质疑许固令的荷花作品类似黄永玉，许固令说那是因为人们对黄永玉先生的荷花画先入为主，其实质并不相同，许固令用的是大写意，奔放强烈，黄永玉的荷花有更多的勾勒与更强的装饰性，因为是同类题材，大家都突出色彩，所以观感上有所接近。而且不足为奇的是，许固令创作上吸收了林风眠、丁雄泉的营养，从狂狷到绚丽，黄永玉也从丁雄泉处吸收创作元素，色彩斑斓；其实许多画家都受过丁雄泉的影响，黄永玉就曾向画家林墉推荐过丁雄泉，而许固令吸收的成分更多，突显在色彩与意识流上，灵性勃发。

占尽薰风六月花

许固令

澳洲风景

许固令

变奏·脸谱一号

许固令

谈到创新与借鉴的关系，许固令说自己游历过那么多国家和地区，思想比较开放，没有流派的拘束，没有教条的框框，具有独立的思考能力。学习也是灵活的，不是简单的拿来主义，人家画得好可以吸收过来再创造，哪怕有影子也是前辈的、名家的影子，但根本上不同的是最终融合为自己的符号，所有的艺术都是综合影响的结果。许固令创作上感性多于理性，他本身就不循规蹈矩，他抛开约束，追求自由，凭经验感觉从理性中跑出来，追求不断创新，不断呈现新面貌，每个阶段都不同，每一画作都不同，因为作品一类同就没有新鲜感，就缺乏生命力，所以说个性非常重要。

许固令说真正的艺术家需要阅历、需要修养，而不仅仅是技术的锻炼；好的作品要体现一种好的生活态度，要人性化，要具备普通人友爱的、家国的、亲情的情感，表现出人性的美好与倡导追求美好的生活；他说艺术不要受太多的主流意识约束，而是要更好地表达自己自由的个性与积极向上的人生态度，所以他笔下总是欣欣向荣，无拘无束；至于揭丑的、伤感的、仇恨的，那不是他关注的所在。

展望将来，许固令说，艺术家将最好的作品留给国家是最好的出路，但必须达到各层次的认可，包括专业、学术的高度，包括深刻的意义与高超的技艺，包括专家的认可度与对群众的影响。其实，从事艺术是一种“高危”的职业，是苦行僧，每个时代都有成千上万的从业者，大浪淘沙，时刻都要做好失败的准备，都要迎接不可预知的困难，机会、运气不可预期，所以心态很重要。艺术家是需要有殉道者的献身精神的，同时也是需要有社会责任和历史担当的，要不断创新，才能闯出一片天地，实至名归。

2019年5月

翟美卿：全国政协委员，香港各界文化促进会主席，香江社会救助基金会主席，香江集团总裁。由于在慈善领域的杰出贡献与创新能力，2017年荣获全球慈善界至高荣誉“卡内基慈善奖”。踏上绘画艺术之路后更是遍访诸家，潜心创作，先后得到范曾、韩美林、冯远、许钦松、王书平、王绣等艺术名师大家的指导。她擅于花鸟、山水画等创作，尤对牡丹情有独钟；其作品率性自然，天真自由，清新妍丽，格调高洁，雍容华贵，画境澄明，先后被许多艺术机构和著名企业以及社会名流、国家政要等收藏。

翟美卿：美丽大方与“不舍得”

翟美卿，一位气质高贵、温婉雅致的社会名流，一位叱咤商海的传奇女子。她，总是面带笑意，衣带幽香，一颦一笑都让人如沐春风；她，白手起家，从个体户到地产金融，再到健康产业与文化产业，紧跟改革开放的步伐，创造了一个又一个传奇，打造了深具影响力的产业王国；她，“达则兼济天下”，多年来广结善缘，广泛扶孤助学，关注留守儿童，救荒赈灾，所带领的企业累计向社会捐赠10多亿元，设立了中国第一个非公募慈善基金会，以慈善事业开启她的第二人生……

翟美卿有着太多的故事，有故事的人生才精彩。她认为心中有爱，生命自然精彩纷呈，爱是这世界上最强大的力量，支撑她跨过了人生一道又一道的坎。她的成就背后有多少艰辛我们难以想象，但这种情怀需要的强大与优秀的品质，却是显而易见的。

近些年，翟美卿开始热衷于画画，将她的一腔爱心和生活美学诉诸画笔。她还研究传统文化，攻研哲学，拜名师，苦用功，凭着过人的聪颖，短短的时间内，画艺的水平提升之快令人惊叹。

有人会觉得，翟美卿这么晚才开始画画，到底能走多远？别忘了“元四家”之一的黄公望50岁才开始画山水，70岁后创作了传世名画《富春山居图》。不少名家并非从小志业于此，往往是学余遣兴，却造诣颇高，可见学养与修为才是书画创作最可贵的基础。以翟美卿对艺术的热爱与悟性、对修行的毅力与执着，似乎可预见艺术丛林中又有一株引人瞩目的奇葩正蓬勃生长，美丽绽放。

画画，其实是一种情怀、一种眼界，感染人的往往是画面传递出来的气息与情感。技艺固然很重要，但技艺是可以锻炼的，是可以在短时间内逐项突破的。不管是在院校学习还是跟随名师学艺，一般学个三两年就可以像模像样了，天资聪颖的，可能一年半载就可以独立创作了。但人的学养、见识与气质需要经年的积累与坚守，才能形成其独具的魅力。

许多文艺界的朋友都觉得翟美卿的画气息灵动活泼，格调清新脱俗，这与其个人性格、气质有关。慢慢地，身边越来越多的朋友喜欢上她的作品。然而翟美卿却有个小“怪癖”：自己平时收藏的名家书画，可以大方赠送，哪怕再名贵也不在意；但自己的画，她总是带着不舍，从不轻易送出。一方面，她珍惜创作所花费的时间和心力，认为每一次创作都是不可重复的过程，都是对当时内心状态的真实呈现；另一方面，她觉得，以画为礼，自己还需要精研。

翟美卿“不舍得”送自己的画，但还是有许多人拥有她的画作，这是为什么呢？因为翟美卿一直坚持做的很重要的事——慈善事业。她曾应画家伍月柳女士的邀请到香港参加慈善活动，她现场画一幅小画参加慈善拍卖，当时竞拍到10万元。原来画画也可以帮到更多的人！于是她开始陆续拿一些自己的画作去参加慈善拍卖，后来干脆将绘画和慈善事业结合起来。为了推动贫困地区的文化教育建设，她倡导捐建“爱心图书室”，不仅自己出资捐建，还发动企业和个人加入，爱心图书室名义上是属于捐建者的，可以植入捐建者的企业文化或理念等，日常运营则由她主导的基金会协助落实，并向捐资方送出一幅她的画作以示谢意……四两拨千斤，她就这样以自己的爱好带动文化与慈善事业，将慈善和文化艺术结合在一起，影响了更多的人，得到社会各界的踊跃支持。

自己的行为传播了正能量，帮助了越来越多的人，翟美卿对画画越来越有热情了，而且越画越享受画画的过程，所以她艺术上的进步是超乎预期的。翟美卿认为自己是有思想和有创意的人，所以她的画作不重复，艺术的表达也不喜欢受束缚，她要表达自己的心情和思考。因此，呈现出来的画作总是率性自然，用色不刻意，构图不刻意，题材内容也不刻意，就算临摹也更多用的是意临，她在意的是心境，要表达的是一种阳光的心态、一种天真的意趣。

她说画画是一件开心的事，通过画面分享的也应是一种开心的情绪和感受。她的老师评价她是一个聪明的学生，悟性好、善思考，而且是有恒心的人。

的确如此，翟美卿说话做事之前都会想清楚，要做一件事

淳和

翟美卿

盛世年华　辉映香江

翟美卿

峰峦秀色

翟美卿

就做到底，选择画画就要画到老。她说，人生的每一个阶段就要做这个阶段最该做的事情，做适合的事情。人生就是一个体验的过程，不留恋过去，不畏惧将来。

翟美卿，画如其人。不管浓墨重彩也好，简约素淡也好，总是雍容华贵、气质优雅。春风拂槛露华浓，腹有诗书气自华。

2018年12月

陈秋明： 广东普宁人，1946年出生。原任广州市海珠博物馆、邓世昌纪念馆副馆长，广州市书法家协会副主席。现为广州市人民政府文史研究馆馆员、中国书法家协会会员、广州市书法家协会顾问、广州市书法协会副会长、广州市文联诗书画院副院长、广州城市职业学院客座教授。擅行草，兼工楷隶。出版有《从心写我》《岳阳楼记》《前后赤壁赋》等数十本字帖，作品被人民大会堂、广东省人民政府和国内多家博物馆等收藏，个人成就被收入《中国当代书法家辞典》。

陈秋明：为书法艺术的传承与发展献其绵薄

在人民大会堂，有一幅大气磅礴、意韵悠长的书法作品，该幅作品是目前人民大会堂收藏作品中唯一一幅长期张挂的广东籍书法家作品。作者是广州市文史馆馆员、著名书法家陈秋明先生，该幅作品长达5米，宽1米，内容是被誉为“岭南三大家”之一的清初著名诗人陈恭尹所作的《木棉花歌》。木棉花是广州的市花，被誉为英雄花，象征着磊落不凡、不惧风霜、蓬勃向上、敢为人先的广东精神。诗作当中的“愿为飞絮衣天下，不道边风朔雪寒”一句，表达了无私奉献的高洁风骨和英雄气概。书作以作者擅长的行草书创作，整体布局舒展，字体动静结合，线条丰富多变，笔墨饱满酣畅，观感秀雅流丽，行云流水，呈现出浓厚的岭南书法特色。除了此幅巨作，在此之前，陈秋明还应广东省人民政府的邀请，创作了一幅长5米、宽2米的巨幅毛泽东词《清平乐·会昌》书法作品，并悬挂于省政府会议厅，该幅作品同样气势宏大，笔墨精到，酣畅淋漓而深受好评。

能接连受到重要的邀请，创作这些巨幅作品，也从不同方面说明了陈秋明先生的一流书艺水平及受认可的程度。实际上，陈秋明在书法上的造诣特别是行草书的书写质量与线条张力等方面，一向备受业内外的欣赏与赞誉。

书法是抽象表现的艺术，也是线条的艺术，对线条锤炼的火候体现了书家的基础、驾驭能力与艺术品质。千百年来书法艺术上那些徐行疾驰的经典之作，时而重若崩云，时而轻如蝉翼，时而惊蛇乍起，时而似柳丝飘舞，出神入化，气象万千，实是无声之雅乐，纸上之墨舞，东方文化艺术的灵魂所系。

对此，陈秋明既认知到自己修为方向的正确，历经数十年心血沉浸，废纸万千，秃笔成丘；也深知书法艺术博大精深，传统书法巅峰绝壁，处处畏途，自己唯有怀着虔诚与敬畏之心，深入学理、艺理，勤操笔头，研摹众贤，常怀自省，多方揣摩，持之以恒，才能力求持续有所领悟，有所精进。受家族，特别是父辈的影响，陈秋明自幼喜欢书法，虽然家境贫寒，但也能常年夜藏楼阁，箱箧为台，油灯相伴，临写书作而至废寝忘食，有时因炎夏汗流浃背也浑然不觉；平日出门见到好的书法作品，也默记于心，回来背写，十分痴狂。上学后，他这方面的专长得到了发挥，在学校出墙报、写作品，得到老师、同学的认可，于是兴致更高涨。改革开放后，各种事物蓬勃发展，也涌现出众多书法艺术学习班与研习活动，他一直喜欢前辈书法家麦华三的字，于是参加了广东省书协开办的学习班，并跟随李天马

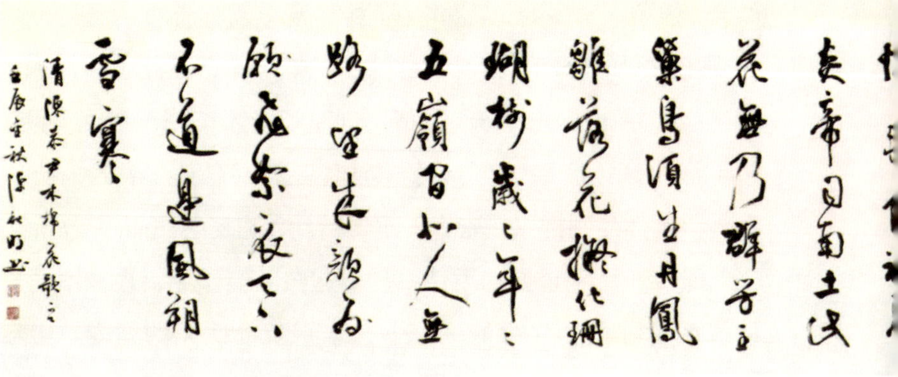

先生的弟子骆墨樵老师学艺，从此真正入了门，走上正道，并根据个人的兴趣苦学“二王”，将《兰亭序》《圣教序》等法帖反复临写、刻苦钻研，进步很快，得到了老师的鼓励。

一册《圣教序》，陈秋明研习逾10年之久，几乎可以倒着背出来，并早已对字的结构、行文布局了然于胸。他数十年如一日，即便现在退休了，每天仍要在书房临习大半天。陈秋明认为，学书法要下笨功夫，大体分为三个阶段——从“约”到“博”再回到“约”，即先集中精力做好一方面，比如先学一家一法到涉猎诸家诸法然后再回到精研于某一领域，循环往复，不断提升。所谓“精于一则尽善，偏用智则无成”，他的行草书法便得益于先在“二王”，特别是《圣教序》法帖所下的笨功夫，打下了扎实的基础，然后再到怀素、米芾、赵孟頫、文征明等诸家乃至魏碑、楷、篆、隶等不同书体吸收养分。“操千曲而晓声，观千剑而识器”，在不断磨炼的过程中发现问题并解决问题，了解规律并应用规律，从而形成其笔下的刚柔并济，奇正与共，方圆干湿对比协调并融会贯通。

陈秋明说，每个人多多少少都有一些不良的书写习惯，而

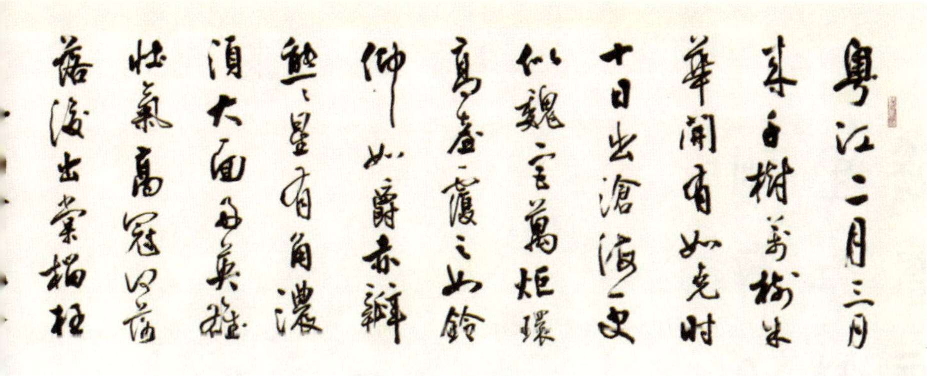

木棉花歌

陈秋明

临帖与掌握规律就既能补充养分又可规范个人的动作，往往写到脱稿或想追求个人风格时，字形就会走样，但其实所谓风格也是要符合传统审美规范的。当然，书法体现的其实是个人的性格，“豪放者难写斯文字，儒雅者自然追求精致与灵动”。但总的来说，书法风格的形成离不开个人的本性、学养、阅历等方方面面，有的人我行我素，有的人兼顾社会审美，陈秋明则倾向于线条优美有序，结构自然协调，认为能符合多数人认知的共性，才容易产生共鸣。

曾有学者称，“诗歌，文学之余事”，但却造就了李杜的巅峰。陈秋明觉得，书法本是“文人末事”，只是有人把字写好了，喜欢的人多了，有名气的还成了书法家，最终成了传承千年的东方艺术独特形式。于是，书法中有了人格的显现，有了人性的光辉，有了生命的气息，所谓“书如其人”。不同气质、不同修养、不同兴趣的艺术面貌都是在积年累月的锤炼感悟中不期而然地形成的。

都说一方水土养一方人，任何艺术的成长都有其不可脱离的土壤，比如北方人看惯大山大川与苍茫大地，南方人常见小

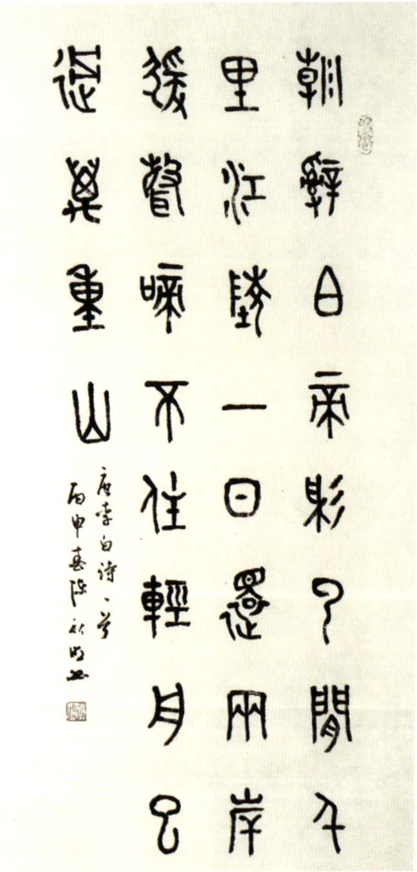

唐李白诗一首

陈秋明

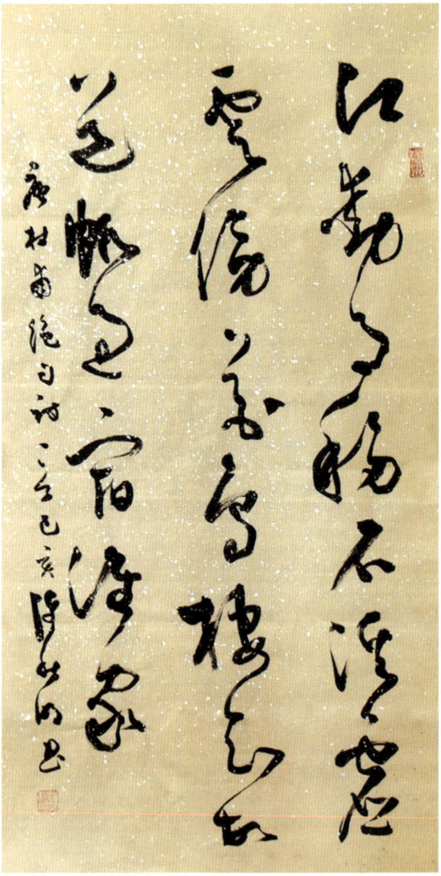

唐杜甫绝句诗一首

陈秋明

桥流水与亭台楼阁，各自笔下自然会体现雄壮张扬或秀雅内敛，所谓“北书雄健，南书温雅”。

对祖籍潮汕且成长于岭南的陈秋明来说，骨子里更倾向于温雅秀气，更讲究线条的质量与韵律的节奏，就像广东音乐，流淌着岭南人的随性、祈求安稳而又饱含情趣、腔调富于节奏等特性。当然，对不同地域艺术形式的借鉴与吸取也是一种良好的养分，比如他的书法中就融入了碑书的笔意，从而提升了线条的笔力与结构的张力，加之融入个人随和的性情，最终在书法上体现出一种行云流水而非软糯的感觉，就像一首风格别具而朗朗上口的音乐，让人久久难以忘怀。近年来，随着陈秋明的书法艺术在社会上广受赞誉，向其索书求学者日众，他也开始教带一些学生，并成立了尚雅书社，目的在于帮助一些书法爱好者走上正道，也希望书艺得以传承。陈秋明说写字难以无师自通，个中窍妙不说破难以自晓，单靠临帖而又急于求成的心态，使许多人走上歧途，“学书法要先继承再创新，打好基础很重要，走对路了就事半功倍”。

谈到书法的个人风格，陈秋明觉得，书法讲究个性但不能刻意追求个性，个性是在日积月累中逐步形成的；个性也有雅俗之分，俗气的个性不可取，书法应有规律的约束与艺术的高度。此外，学书法的悟性也很关键，哪怕付出99分的努力，没有1分的悟性也出不来感觉，虽说有悟性的人终归是少数，但悟性经过后天努力也可能打通。随着年事日高，陈秋明希望能在这方面做一些工作，倡导一种正确的学习方法与良好的风气，帮助有悟性的学生打通其症结，帮助大众规范学习书法的习惯，从而为书法艺术的传承与发展贡献一点“绵薄之力”。

2020年1月

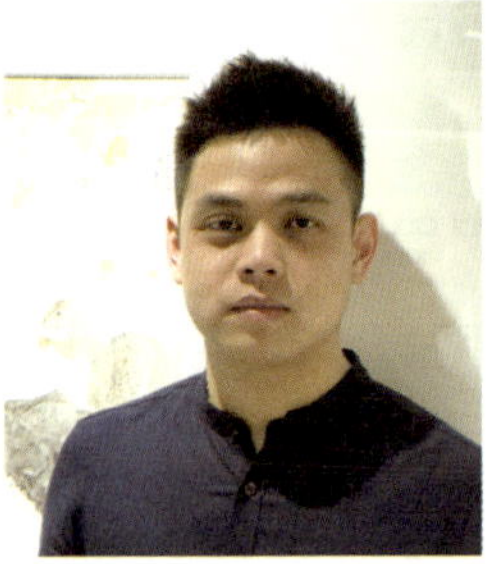

邹俊豪：广东增城人。中国美术学院中国画系艺术硕士研究生学历。中国美术学院中国画学创研员和继续教育学院外聘教师、浙江画院中国工笔画研究所创作员、广州画院特聘画家、广东省美术家协会理事、广州市美术家协会理事、广东省青年美术家协会工笔画艺委会主任、广州增城区美术家协会副主席、增城区政协委员、广州青年联合会委员。其不少作品入选浙江、广东乃至全国各类艺术大展并经常获奖。

邹俊豪：一步一个脚印迈向自己的艺术理想

艺术不论先后，达者为师，有的画家大器晚成，有的画家年少颖异，关键是终其一生能攀登到什么样的高度。但在现代社会，似乎少年颖异更有发展空间，更有长远的追求与积累。出生于1984年的青年画家邹俊豪就属于年少颖异者。

在艺术上还处于青涩年华的他就已是中国美术学院中国画学创作研究员和继续教育学院外聘教师，并拥有浙江画院中国工笔画研究所创作员、广东省美术家协会理事、广州画院特聘画家等耀眼职衔，良好的平台为其艺术成就提供了更充分的发展条件。他的作品构思新颖，选取的题材与景物常常意趣盎然而又视角别具，在没骨画法上呈现出富有变化的笔墨韵味和个性独具的肌理，在兼工带写的手法上追求线条的张力和物象的神采，在唯美的画面中体现出对笔墨的掌控能力与对画境意象的驾驭能力，令欣赏者流连忘返，愈是观赏愈发喜爱。

邹俊豪自幼喜欢绘画，与许多少年儿童一样从喜欢漫画到跟着画。一次在书店购买漫画书籍时，不经意间翻阅了一册《教你如何画国画》，竟然从此喜欢上了国画。于是，各种尝试与临摹并不断搜集国画资料成了他小学到初中除了打篮球之外的最大消遣，而且因善于绘画而在其家乡增城一早就小有名气；初中时加入了增城新塘书画协会，并经常参加各种笔会与交流活动，他虽说是当中年纪最小的，但却少年老成，颇有大将之风。

但邹俊豪真正走上美术专业之路却是在高三的期中考试之后，一次家长会上老师建议他尝试报考美术学院。一句话触动了他，于是他马上到广州开始应考学习，学素描、学色彩，但这与他专长的中国画并不相同。在应考学习期间，他在一册国内八大美院考试作品集上看到中国美术学院有以中国画应试的作品，很受鼓舞；进而又在该美院招生简章看到中国画花鸟专业应试的内容，包括书法、花鸟等，这不正是其自身专长的嘛！他很兴奋，但又不知该怎么去应考，后来通过他正在参加培训的画室找到广州美术学院的老师周湧给了一些建议。当时距离考试已不到一个月的时间，其中还有春节假期，在这么短的时间内不仅要准备美术的应考，还有文化课，其学习强度之大可想而知。他是一心奔着中国美院而去的，当时的考点设在湖南长沙，一个从没离开过家乡的青少年就这样背着行囊奔着希望而去……当年中国美院在全国只招录20人，他如愿被录取。

进入中国美院后，他接触到了大量不同时代、不同风格的名家作品，遨游于传统艺术海洋，眼界不断提高，大量时间都

空谷绰态

邹俊豪

回眸

邹俊豪

春日

邹俊豪

泡在绘画中，本来喜欢的体育反倒成了业余爱好。他感觉自己对写生技法仍未开窍，大二时老师带队去杭州临安写生，他以勤补拙，整整三周的时间每天一早七点就起床去山边找景物写生，于是初试莺啼的一张3米长的写生手卷就这样进入了写生展并被学校收藏。对邹俊豪来说，这是一个质的飞跃，把很多不同的植物放在一张手卷中，要考虑各自的组合结构、疏密关系、起伏变化，还有笔墨效果、线条的提炼以及聚散构图等，并不容易。没想到他一开始就得到中国美院的收藏证书，对当时的他来说这是很大的鼓励，之后他的第二本学校收藏证书是因毕业创作获得的，也是当时学校的最高奖。

本科毕业，他在杭州逗留半年后回到广州，认识了广州画院院长方土，开始接触广州许多名家，后来经中国美院教授、博士生导师闵学林介绍，又认识了著名艺术家周国城老师等人，于是经常向老师们请教，对传统国画又有了新的理解。在方土的鼓励下，邹俊豪于2008年回到广州，成了广州画院签约画家，并不断参加画院的各种采风等活动，对岭南画派有了许多新的认识，实践中也认识到自己的笔头功夫还需锤炼。

2015年他攻读中国美院研究生，开始不断画画，不断参展，也经常获奖。有了工作经验，邹俊豪更知道自己的短板，在读研究生时进一步明确了学习的目的，他花了大量的时间在传统笔墨与书法的磨炼与研究上，而这些也正是中国美院的强项。于是他静下心来，加强对自身传统基本功的发掘，并在题材上增加了许多动物的表现，进一步探索没骨画法以及在生宣上表现工笔的形象。这种画法是他自己想出来的，对毛笔水墨的控制要求很高，根据结构来用笔，形成特有的质感，打破了传统创作固有的程式，而且呈现效果理想，大受认可，他的内心非常兴奋。

有了以上的尝试，邹俊豪接着又在此基础上回到传统的撕毛画法，画了一批动物类作品，表现了他骨子里喜欢的兼工带写，并融入新的感悟与新的表现。这为他笔下的动物找到了一种新的呈现形式，体现了他对笔墨的理解与追求。他认为画得工整的难度并不大，但加入毛笔，对水墨的控制难度就大为提升了。选择用生宣纸画工笔，这是一种对能力的考验，也是一种挑战，画出来的质感与景物的灵动与熟宣纸的表现效果是不一样的，更像工笔，但画感很轻松；乍看是工笔，细看又很写意，有工有写，把写意当工笔画，把工笔当写意画，毫不拘谨。双勾的线条也显得轻松而有书写意味，有了内在的冲击力。这种探索使邹俊豪研究生毕业的创作作品获得中国美院林风眠创作奖金奖和“陆俨少奖”全国中国画展银奖等等。

现在，邹俊豪正式入职中国美院中国画学研究中心，使其有了一个更踏实广阔的平台。他跟着名家教授探讨学理，又带着学生创作、写生，在教学相长的实践中，发现问题，解决问题。不仅画花鸟，山水、人物等其他艺术科目也重新画起来。总之，他广泛涉猎，进行多种尝试，包括大写意与小写意、书法与篆刻乃至文学修养等方方面面，分系列、有计划地加以突破，定好以系列性为目标的创作规划，定下终身追求的事业，从实践上、思想上全方位推进。

邹俊豪不急于求成，他立足于传统去创新，把古代的东西着重作为研究对象，并结合自身的兴趣与对生活的理解，一步一个脚印，坚实地迈向自己的艺术理想。

2020年2月

谢楚余：广州美术学院油画系副教授，硕士研究生导师，广东美术创作院画家，广东省高校油画学术委员会委员、评委，广东省文史馆油画雕塑院画家、特聘研究员。

艺术的创作源于对生活的感动

——记著名油画家谢楚余先生

一向以唯美女性人物创作及艺术材料应用研究闻名的谢楚余老师，近期却以画风多变引发了人们的关注。在谢楚余老师画室，不管完成与未完成的作品，与以往“美女群聚”的景象已大为不同，多了不少不同国家、民族的人物形象画作。我问谢老师近期的创作风格发生这么大变化的原因，他说一切都是自然而然的，并没有刻意去改变创作的题材与风格，而是随着环境与自身感受的变化，创作的选材和视角也就与以往的有所不同了。

随着“一带一路”受到越来越多国家和人民的热情呼应，

中国形象得以进一步展示，也为广州国际大都市建设带来契机。近年来，广州市容环境发生翻天覆地的变化，蓝天白云、旭日彩霞，放眼皆绿、满城鲜花……花城到处都洋溢着文明祥和的气氛，来广州的外国人越来越多，不同体型容貌，不同肤色轮廓的人汇聚于此，这是广州之变，更极大激发了画家表现的欲望与创作的动力。难怪谢老师不无自豪地说，身在广州便可画遍全世界的种族面貌。

当然他也开始有意识地走出去，到世界各地感受不同国家、不同民族鲜活的生存状态与人文景观，从而把人物的神采表现得更为到位与生动，他还带着学生深入偏远的民族地区生活与写生，带着一种敬畏，带着一种感触，通过画笔表达自己对家国、对人类生存状态的深度思考。

艺术创作源于对生活的感动，生活在不断变化，创作也当随之而改变。正是对生活有着细微深入的观察与感受，才让他的人物创作活动得以鲜活生动。他说艺术家最不愿意重复劳动，每一次尝试都希冀新鲜感，每一次超越都带来实现自我表现的巨大满足，能呈现不同的面貌很重要，画家一看到有鲜明特征的事物都特别有表现的欲望，更何况看到的是人类本身。

他已画了数十个不同国家和地区，以及国内十几个少数民族的人物形象作品，并且会继续画下去。当然这种捕捉瞬间的感觉与快速准确的表现与以往追求唯美形象的细腻刻画创作有所不同，不只是画技的全新尝试，对审美标准也很有挑战性。

说到挑战，谢楚余还透露了一项他全身心投入的创作挑战，那就是重大历史题材的大型群像创作，改革开放40周年之际，经过推选，广东省委给了他一项重大的创作任务——《大潮起珠江》，是以党的十八大后习近平总书记来广东视察，在深圳莲花山邓小平塑像前的讲话为主要内容，创作人物除了习近平

人物写生

谢楚余

总书记，还涉及时任广东省委书记汪洋、时任广东省省长朱小丹、老同志陈开枝，以及许多群众，都是富有个性、形象鲜活，深为人们所熟悉的人物。但由于是当代的语境，时间离得很近，要把握这么多人物形象的精神面貌、表现准确的背景与风气，又是广大群众所熟悉的元素，谈何容易，而且稍不留意还会被视为投机。

之前他也创作过关于南越王的《和辑百越》和展示于广东省博物馆的《唐人街》等大型群像作品，积累了一定经验，而且肖像画、历史画也是他专业主攻的方向，因此具有专业优势。但刚开始考虑这带有政治性的新创作时，他还是有所顾虑、有所却步的。但有两方面给了他信心：一是他看到以往的政治题

春音

谢楚余

材中，陈衍宁20世纪70年代创作的《毛主席视察广东农村》，虽然是“红光亮”的作品，但作者构图、技法等扎实的艺术基础和真情流露的感情投入，使画作中毛主席在田埂上的光辉形象让人印象深刻，这么多年来同样打动了人、感染了人，并不像一些政治作品一样一阵风，真正富有时代背景、艺术元素与作者感情的作品，艺术生命永远存在。二是为了这个创作，广东省原省长朱小丹给他提供了大量的素材，为创作提供了方便，而且当时的背景与场面气氛也触动了谢楚余，创作的激情调动起来了。于是，熟悉背景、整理素材、调动情绪、进入状态，创作构思、表现形式等前期准备已经开展起来了，谢楚余老师说这个下半年将是他全身心投入这一重大挑战的时刻。

谢老师还说，关注历史，也是关注人类本身，相信以后他会花更多的时间转向历史创作，不仅仅表现广东，还要表现中华民族五千年灿烂文化，只要是触动自己的，适合自己的，他都会充满激情地去表现、去创作。谢楚余老师昂扬的精神令人感动，我们也期待着，祝福着，祝福谢楚余老师走向一座又一座的丰碑，拥有丰硕的艺术人生！

2017年9月

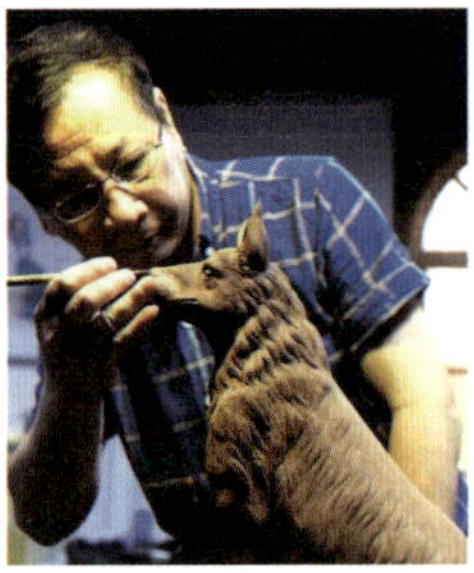

潘柏林：1953年生于广东石湾镇，现为中国工艺美术大师，中国陶瓷艺术大师，正高级工艺美术师，中国美术家协会广东分会第七届理事，广东省陶瓷协会副会长，佛山市文联副主席，佛山市“大城工匠”，广东省非物质文化遗产传承人，广东柏林陶塑艺术研究院院长，佛山市柏林艺术馆馆长，广州大学美术与设计学院客座教授、研究生导师，上海视觉艺术学院时尚设计学院教授，第七届中国工艺美术大师评委等。

潘柏林：石湾陶艺的文化自觉与文化自信

在这个拥有五千年陶瓷制作历史的文明古国，石湾陶瓷作为逾千年传承的民间艺术而在业界占有一席之地，石湾公仔虽也雅俗共赏、匠人辈出，但却以其民俗化与地域化而一直未得到弘扬。对此，中国工艺美术大师、石湾陶塑领军人物潘柏林认为，石湾陶瓷有实用陶瓷也有石湾公仔，石湾公仔这种民间艺术不能单从经济上去评价，这种精神层面的影响却能带动其他行业的良性发展。确实如此，因为文化艺术需要的是一种精神品格，一种文化层次，这对一个地方的影响与发展才是持久的、富有生命力的。

富有创新意识与开拓精神的潘柏林，一方面与时俱进，不断在自己的作品中融入时代精神与创新表现手法，一方面又不断强调变化要基于传统、源于生活。他认为所谓的创新，一定要有自己的特色，要有自己的独特个性，美要能感动观众，要让社会认可；而且创新上要善于联想，要“大胆妄为”，有时艺术思维就是要“乱来”，要天马行空，当然乱中要有度，过程可以“乱画”，结果却不能“画乱”，要意料之外，又情理之中。而传统则是可以变，但却不能丢，石湾公仔必须姓石湾，否则毫无意义。所谓的传统，并非师古循古，而是一种传统文化、民族精神、与精湛技艺，这需要世代相传，但更关键的是要做到熔古铸今。随着生活状态的改变，传统的东西也会变，作为艺术家要会随着时代和环境的变化而变化，不能照搬照套。

石湾公仔历千年而不衰，关键在于传神，神韵是其核心价值。比如传统人物的衣纹，创作中并不是真的有模特穿着那样的衣服让你依样画葫芦，而是作者按照自己的经验和表现需要去刻画与取舍，但表现出来却如此真实可信；人们常常形容某件作品栩栩如生，但石湾公仔向来就不是写实，而是写意的，只是创作的当时，当这种抽象的意蕴转入写实中去时就呈现出一种传神写照，体现出一种比写实更真实的观感。

潘柏林认为，作为表达手段的元素，如工艺、手法、材料等等均无不可变，唯“神”不可变，传神是石湾公仔艺术的精华，是其传播与延续的源泉。但“神”从何来？答案是从生活观察和感悟中来，从“形”的塑造中来。没有生活的感受，就没有表现的理解，也没有感性的触发；创作的手法可以师承也可以借鉴，但观察和感悟却必须亲身去经历。

当然，现代生活的变化也为创作带来了新的东西，但创作中必须有自己血液里的东西。例如，有人学点西方文化的皮毛就标新立异，而不去潜心探讨自身文化的传统与内涵，是不可取的。西方文化有值得我们借鉴的地方，也有应当引起我们思考之处。应双管齐下：有人去整理民间能工巧匠的作品，把一代一代传承下来的东西提升到理论的层面；有人把西方优秀的文化比如人体结构、光影色彩之类与本土的传统技艺融合，并让两种艺术理念互动碰撞，形成既有时代精神又符合艺术规律的东西。当代的创作手段很多，我们可以吸收，可以应用，但要保留自我，要保留自己的中国风；要坚定文化自信，以传统为根基，以生活为源泉，强化国学理论与传统文化的应用与提升，让石湾公仔大放异彩，重焕光辉。

潘柏林认为石湾陶艺不仅有着清晰的个性面貌，美化着人们的生活，还被广泛应用于园林楼阁、庙宇寺院和民居庭院等建筑装饰，能自成一体，特别是人物造型，从民间的概念模式发展为三维空间的传神个体，逐步在成长中确立了在中国陶瓷艺术中的地位，同时也形成了理论基础及对“中国雕塑”探寻的现实依据。潘柏林曾尝试将石湾公仔的制作手法融入大型雕塑，希望越来越多的石湾公仔能安置在城市街头，成为城区标志；能向公共空间发展，能与普罗大众进一步充分沟通，展示出石湾公仔传神的精髓与文化，开辟石湾公仔发展的新路径。当然，这只是潘柏林大胆的设想与积极的摸索，但“中国雕塑”概念的提出无疑体现出其志存高远、敢为人先的文化自觉与开拓精神。

而潘柏林这种文化自觉与文化自信，使我们在其作品中强烈地感受到了那种意趣横生、神态灵动而又奇思妙想、情感共鸣的元素——被业界视为“鬼才”的潘柏林，认为这与他的性格有关——他是一个非常感性的人，是一个既勤奋又用心的人，而且性格开朗，喜欢逗趣讲笑，所以他的作品才会有那么浓郁的生活氛围、生动形象的神态以及故事情节，同时又不受传统束缚而大胆夸张、幽默风趣。

潘柏林还在材料运用、肌理营造、夸张手法与题材创新等方面广受业内认可。

在材料运用上，他别出心裁地首创了将陶瓷和千年天然枯木巧置成一体，进而拓宽了石湾陶艺的表现力和生命力；这是一种经验的应用与技艺的突破，因为除了组合的审美还要解决陶瓷烧制收缩与树根不收缩而要配置契合的难题。

在肌理的营造上，他除了擅长生动的速塑、捏塑等造型肌理，还在20世纪80年代就探索出形态新颖的布面仿真肌理与衣纹表现手法；他从用真布、浸陶浆到泥火结合再到做出题材表现需要的布纹肌理，完成了创造性的技艺手法。

在夸张手法上，他从造型夸张、表情夸张、情绪夸张、内容夸张等多方位多角度入手，塑造一种极富情趣的表现手法；在似与不似之间以诙谐、幽默的动作、表情于不经意间带给人们快乐与遐想。

在题材创新上，潘柏林既开拓新的题材领域，也不放弃对传统题材表现的推陈出新，他将传统的仙家道佛等题材进一步融会现代审美情趣，又拓宽到老百姓起居饮食、生活环境与小市民心态及生活方式变化等方方面面，赋予了石湾陶艺在表现和文化内涵上与以往不同的范畴与深度。

潘柏林是一位多才多艺的创作者，为了丰富自身的创作营养，古今中外、南北手艺、官窑民瓷、史论实践，他无不考察，无不钻研，无不涉猎；他研究前辈，访问同道，体察生活，转益多师，而且书法、绘画、摄影等关联的审美艺术也能抒能施。他的作品中各种艺术养分融会贯通，呈现出形象鲜活、内容丰富、思想深邃的艺术层次。泥巴在他手里是活跃、灵动、有情感的，是可对话的，是一种创作材料更是一种艺术语言；其繁

春满田园

潘柏林

喜

潘柏林

乐在其中

潘柏林

复的创作、多变的塑造手法、多样性的题材令人目不暇接。

尤为值得一提的是他的神态塑造，不仅在人物创作上备受称誉，更在动物创作上演绎眉目传情，几乎可说是无出其右；他不仅把动物塑造得惟妙惟肖，还把人的思想感情与精神面貌引入动物形象中，具有时代感。

一位优秀的艺术家不仅会执着于对艺术水平提升的追求，还会极具担当地关注艺术的传承与发展。他认为艺术家不能对自己的作品过于满足，否则就代表其创作的源泉已趋于枯竭。潘柏林还非常注重人才培养、薪火相传，他认为旧时父子相传的衣钵传承虽使传统技艺得以延续，但往往不可避免地带来思想的禁锢。他一向主张打破家传技艺的小作坊意识，有教无类、因材施教。他身体力行，不分亲疏、不分地域地广收学生，传授陶艺。他已先后培养了数十位国家、省、市级的大师和工艺师，还有许多学生学有所成，已为石湾陶艺界的中坚力量与生力军；也许正是他这种无私传授、扶掖后辈的奉献精神，让我们看到了石湾陶艺广阔的新天地与美好的未来。

2019年10月

张思燕：生于广州。广州美术学院岭南画派纪念馆画家，国家一级美术师。现为中国美术家协会会员、中国画创作研究院研究员、广州市美术家协会副主席兼花鸟画艺委会主任、广东省美术家协会少儿艺术委员会副主任、广东省中国画学会理事、广州开明画院副院长。作品获“粤港澳女职工书画摄影展”金奖，“第二届广东岭南美术大展”银奖，2019年7月获邀参加广东省人民政府新闻办与广东省文化和旅游厅主办的“2019魅力中国——广东文化周”系列之“花城物语——中日韩女画家作品联展”。

张思燕：要把有挑战的事情变成好玩的

许多艺术家的艺术之路总是在成长中不断调整不断变化的。画家张思燕小时候并没有专门学绘画，而是从学书法开始，画画只是其孩童时代本能的涂鸦。许多小孩学书法会觉得枯燥，但张思燕却能静下心来，从有难度的唐楷入手，她觉得越有难度越有挑战，而且她从小就善于把有挑战的事情变成好玩的。

张思燕开始画画主要是受她的丈夫黄唯理的影响，黄唯理是广东画院的专业画家。张思燕说黄唯理对她最大的影响是让她勤快起来，毕竟黄唯理忙碌到连做菜吃饭都觉得是浪费时间，除了画画、练书法、看书，还是音响发烧友，人不可能每时每刻都在画画，黄唯理却连不画画的时间都在思考与自己创作有关的事，画画成了他血液里的一部分。而张思燕则是抱着玩的心态出发，不像黄唯理那么专注而安静，她一定要有感觉才动笔，一定要有情感的投入才去画画，画完了还要强迫黄唯理给她看画并提意见，哪怕“污染”一下他的眼睛也是必需的，丈夫黄唯理每每停下手中的笔，转身就成了她作品的第一读者。并且，黄唯理也常会给一些意见，包括形式、内容、落款等方面。中国画是一种有文化内涵，带有诗意、意境与情怀的画，题画的内容、思想、形式都会影响到画面气氛与韵味，所以有的她自己敲定，有的则两口子有商有量；有时马上决定，有时则要犹豫一阵子，甚至有时找老师王孟奇给意见……

说起当代著名中国画家王孟奇教授，对黄唯理与张思燕夫妇来说，和他的交往是一段很好的缘分。王孟奇老师曾在广东画院工作10年，还曾与他们夫妇住在同一小区同一栋楼，每晚

大华巨实

张思燕

雨后初晴

张思燕

春晖

张思燕

两家人一起吃饭，饭后共同欣赏黄唯理所藏的历代名家画册，王孟奇老师则逐幅评讲……这是他们眼界学识提高最快的一个阶段，相比盲目地作画，这样有了明确的方向，有了更深入的思考，更重要的是老师能帮学生找到绘画的方向，并提高学生对画的品鉴能力。

而张思燕绘画的成长历程则更是转益多师。方楚雄教授是她由油画转国画的第一位老师，方楚雄老师非常注重抓基础，路子也非常正，让她从梅兰竹菊开始练基本功，再带她去写生、学技法学观察等，使她收获良多。陈永锵老师对她也有很大的帮助，曾在少年宫从事美术教育的张思燕很早就与陈永锵老师认识，当时她担任广州少儿美术促进会会长，热心公益的陈永锵对少儿美术很支持，甚至将澳门画商赠给他出版画册的10万元转捐给了少儿美术促进会专作教师进修、开展全市教师教研培训费用。当时的10万元是很大的一笔钱，由此可在陈永锵身上看出其对艺术的真诚、对年轻人的扶持、对下一代审美教育的重视。绘画不是简单地表现对象，而是诗意地表达自己的情感，陈永锵就是这样的画家，从画作可看到他为人与思想的奔放豪迈，张思燕有一段时间的画作比较豪放，就是受到陈永锵的指导与鼓励。偶然机会，她的画作被美院老院长张治安老师看到并发现了她作品中潜存的与别人不一样的特点，张治安鼓励她沿着这路子继续探索下去。最终她的画风又从奔放豪迈收敛回来，多了温润纯厚的特点。

张思燕一直在探索自己的路子。她在少年宫教绘画时，由于儿童美术教学没教材，教学内容由老师自行决定，这无形中给了她一个研究的机会，需要多看书、多了解、多尝试，同时也是一个实验性的训练与自我训练，既具有灵活性也培养了自己的创造力。少儿天真烂漫、大胆想象的发散思维，对张思燕

秋绿

张思燕

的性格与创作都有帮助，由其性格的爽朗活跃与画作的舒放率真可以见到。后来，她调入广州美术学院岭南画派纪念馆更是如鱼得水，馆藏丰富的优秀作品使她得到了充分的艺术滋养。揣摩真迹与欣赏好作品后，有了比较有了记忆，留下深刻的印象；人品赏了好东西后，感觉往往回不去，追求也只会越来越高。这自然影响了她的绘画。结合自身的性情与爱好，她逐渐走上了一条既有传统文化气息又有淡雅舒放画风的路子，并得到了许多老师和各界朋友的肯定。

一路走来，从黄唯理对她爱好的影响到方楚雄老师对她技艺的锤炼，再到陈永锵老师对她画风的影响，张治安、王玉珏老师的鼓励、引领，特别是王孟奇老师文人画思想的启迪，还有许多许多师长的鼓励与建议，让张思燕的画作呈现出一种有别于其他女画家的迥然气象：其画面简约大气，恬淡明净，加上别具一格的书法功底，奔放与内敛交织，刻画与抒写协同，无意于工而无不工，欲诉还休，意蕴醇厚。其实，绘画越到后期越是应学老师画外的文化与审美而非技法，往往偶然一个顿悟就走向一条康庄大道。

当然，张思燕的创作与艺术之路并不完全像其作品画面看起来那么轻松自然，也不会一帆风顺。小到一幅画作的处理，从落笔前的思考到过程中的掌控与应变，再到成画后的题跋与署章，都殚精竭虑，体现在画面上的轻松只是为了观赏的轻松，画面越简洁难度越大，让画作空灵、干净是她一向的追求。大到整个艺术路向的形成，往往一个阶段后就有了新的瓶颈难以突破，不无痛苦与疑惑，或者找不到感觉，或者有了想法却无从落笔……要期待一个新的顿悟、新的规律形成是多么的困难。每逢出现这种状况，张思燕有时就是去学习，看看书，看看美学书籍或小品文；有时就是找人聊天，寻求思想碰撞与启发；甚至有时就放下不管，一段时间后重新拿出来却一下子就知道怎么画了……

张思燕认为，人要知道自己的不足，有成绩固然要坚持下去，无突破也要坚持下去。画受认可，固然开心，但要有思考；画不受认可，不能气馁，更加要有思考。总之，要把有挑战的事情变成好玩的，也许这就是积累。

2019年10月

沈永泰：1952年5月出生，广东省南海人。中国书法家协会会员、西泠印社社员、广东省书法家协会主席团成员，广州市书法家协会副主席。其作品入展全国第五届中青年书法篆刻展，全国第五、六、七、九届书法篆刻展，全国首届新人作品展，全国第二届楹联展，首届中国书法兰亭奖书法展，首届全国青年书法篆刻作品展，第一、二届中国书法家协会会员优秀作品展，全国第二、三、四届篆刻展。

沈永泰：无心插柳的艺术人生

曾经和书法名家李卓祺聊天说起他同辈的篆刻书法家沈永泰时，他赞誉有加，认为沈永泰性格沉实，技艺扎实，为人平实，书法艺术格调雅致，个性明显，是一位非常纯粹的艺术家，并说以后的艺术市场将是靠作品说话，建议我有机会多收点沈永泰的作品。其实，往往文人相轻，能如此称誉，可见出两位艺术家的胸襟与惺惺相惜的情怀，也说明沈永泰在业内受认可的程度。

事实上，为人热心、朴实内敛的沈永泰不仅以篆刻作品见刀见笔、寓情寓境而驰名，他的篆书，特别是铁线篆更是以宁静平和、清雅自然、匀称舒畅而一直为业界所称道，而且其秀雅挺拔的瘦金体书法也备受欢迎。他是难得的多面手。

沈永泰走上书法艺术之路是无心插柳柳成荫的。他少年时代没有太多的地方可供游玩，而常去公园看展览的他看到印章展，觉得好玩，就跟着学刻起来了……后来崭露头角，参加了少年比赛，参加了少年宫学习，中学时又参加了广州市海珠区书画学校和省篆刻班学习，1979年更是有缘在书法学习班上跟篆刻名家卢炜圻学艺。他从篆刻入门，但要刻好印，必须写好字，于是又从写钢笔字与临字帖开始练习起书法来，后来他又跟了书法名家廖蕴玉学楷书……就这样，凭着自身的爱好，又跟了好老师，并经常和同学、朋友、圈子内的方家学者交流探讨，互相评点，他的学识与技艺水平一步一步地提升着。

而真正令沈永泰进入专业殿堂并日趋知名的则是他不断地向国家、省、市等各级专业展览投稿并入选和获奖。从1990年后，他的作品先后入选第一届全国新人新作展，第五届全国中青年书法篆刻展，第五、六、七、九届书法篆刻全国展，还入选了被誉为中国书法最高奖的中国兰亭奖等，另外还获得全国楹联展、省书法篆刻展金奖及省鲁迅文艺奖，这些展览与荣誉许多人一辈子能有个两三次已不简单，他却每每参展，载誉而归。更为值得一提的是他参加了“天下第一社”西泠印社最激烈的一次海选——世界各地10个赛区考试选出180人参加总决赛，再选出前50名参加面试，最终有15人获取社员资格，他就是其中之一，可说是“过五关斩六将”。而且他曾多次获得西泠印社优秀作品奖，这些都是非常不容易的，由此可见其实力。

正是各种展览的入选与获奖，促使沈永泰对篆刻书法艺术的兴趣日益浓厚，对其技艺推动更快。而印章是一种用刀表现书写的形式，好的印章必须体现出有刀有笔有墨的效果，所以要刻好印章必须写好书法，因而沈永泰在书法上花的时间就越

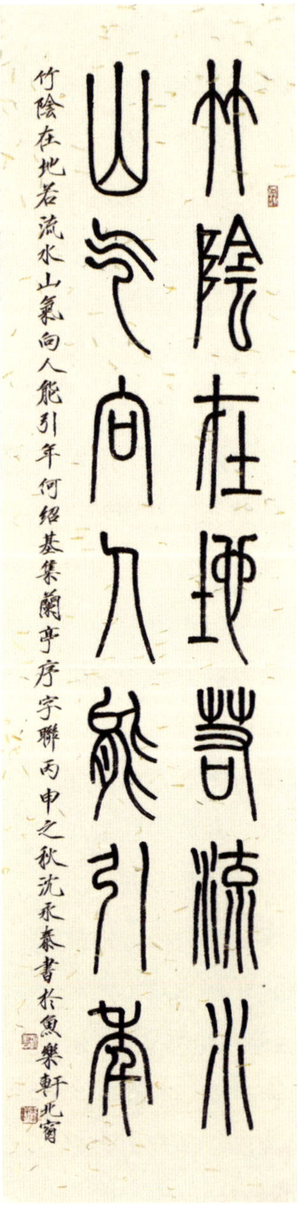
竹陰在地若流水
山氣向人能引年
竹陰在地若流水山氣向人能引年何紹基集蘭亭序字聯丙申之秋沈永泰書於魚樂軒北窗

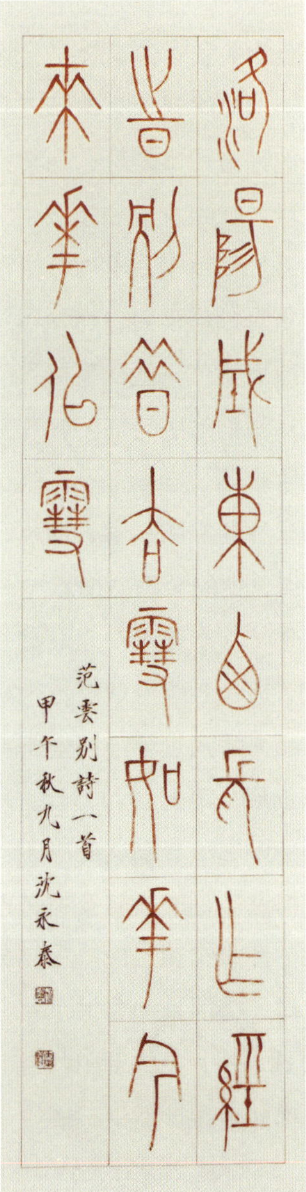
洛陽城東西長作經時別昔去雪如花今來花似雪
范雲別詩一首
甲午秋九月沈永泰

篆刻书法作品

沈永泰

来越多了，特别是写篆书，要背字要查书，不能有错字，不能有谬误；篆刻与文字学有关，故必须研究古文字并懂点文字学，字形字义与字理还要结合构图，方寸之间，气象万千，如何表现出刀法协调、布局妥帖、形式完美，这其中的审美渗透出个人的综合修养；再者，一方高水平的印章与其他艺术形式作品一样要考虑意境与美感，要根据内容意念去构思去表现出趣味与内涵。这些方面，沈永泰可说是用功尤甚，虽然篆书如今少人懂，交流的密度与范围自然有限，于是沈永泰转而将学习的目标投向了书本，投向了前人，他积极临写历代书法大家尤其是篆书大家的作品，积极吸收文学绘画等知识来丰富自己，他还用心研究瓦片、竹简、青铜器等器物上的文字，吸收瓦文的自然意趣、简隶的率性天然、金文的金石味等营养；而且不辍地借鉴学习前辈的印学，吸收黄牧甫治印之古朴，学习王福庵朱文之雅致……艺无止境，沈永泰不断地求新求变求意蕴，寻求着自我的表现手法，并结合自身的爱好与性情，逐步体现出其个性独具又备受欢迎的艺术面貌来。

文化艺术中书法小众，篆刻更为小众。国家倡导传统文化与文化自信，一些院校和学习机构也办起各种书法班，但各种书法展览中，哪怕有几万乃至上十万人参加的全国书展，入选的最多也就几百到上千幅作品，分散到各个书种则屈指可数了，入选率非常低，其中尤以行草为多，楷书、隶书次之，篆书更少，故竞争十分激烈。篆刻要崭露头角谈何容易。

而沈永泰却偏偏在传统篆刻这个点上下功夫，他与当下套概念用形式的浮躁时风不同，更注重刀与石的结合，心与章的统一。在治印上他不惧越工整越容易找到缺点的弊端，从传统入手，以工整为貌，处理好纯刀易燥、纯笔呈弱的平衡，表现出一种见刀见笔、含蓄秀逸、平和自然、意趣其间的印风。同

乐以忘忧

沈永泰

处其厚 居其实

沈永泰

散席分尝 胜利茶

沈永泰

时他又用心练书法，特别是极少人敢问津的铁线篆，那种匀称，那种流转，那种恬静，那种千钧一发仍淡定与沉着的气度，非别具的毅力与心境不可为之。对此，他人叹服之时，沈永泰却淡然处之，说只是工多艺熟罢了，也只是少人为之而为业内所知而已。

心态平和的沈永泰拒绝让作品走向市场，他说不想为了订单让自己太辛苦，他说自己在艺术上还要多沉浸些工夫，要有学习的时间，要有查找资料做研究的时间，只有没有功利的压力才能拥有自由的心灵，才能产生出精彩的作品，当然也是顺其自然、一切随缘的，也许这就是他的艺术人生。

2019年8月

区广安：现为广州大学艺术硕士研究生导师、中国美术家协会会员、广东省美术家协会理事、广州市美术家协会副主席、广州市青年美术家协会副主席。先后出版有《区广安画集》《区广安山水雅品集》《水石云林图》等画集。作品曾在国内外多个城市展出，并被中国美术馆、北京人民大会堂、广东省博物馆、广东省档案馆等机构收藏。

传统有多深，艺术就能走多远

——区广安的传统艺术观

在这个创新的年代，区广安在广东画坛算是比较特立独行的一位。他力求守望传统，开拓传统，以复归传统艺术面貌去谋求艺术的革新；他认为传统有多深，艺术就能走多远，以“高扬传统画学，维护国画学统”为己任。但这样的道路好走吗？积淀深厚的传统国画艺术已形成了一整套完备的评价标准，许多人拎起现成的标准就能评头品足。当今快节奏的社会，有当代的、融合的，还有许多标准未清晰的模糊地带可以走，故多少人视传统艺术路径为畏途，但区广安却是“明知山有虎，偏向虎山行”，这其中有着怎样的思考，又将面临怎样的挑战呢？

区广安七岁拜于广东国画研究会袁伟强门下，在近乎私塾式的传道授业中得到传统国画的启蒙，艺术上“第一口奶”学的是传统，以后便从学习诗词文化到形成艺术观点再到生活方式都理所当然地认为应该是这样的。他对传统艺术产生使命感后就更勤奋了，他苦心孤诣地追求、探索、传承、弘扬传统中国画艺术，并立志要为之奋斗一生。

区广安以传统山水画创作为主，兼长花鸟、人物，而且诗书画印都有涉猎。特别是他临帖无数，不断磨炼，对诗词则转益多师又勤于心悟，源源不断地为其绘画艺术输入了传统的营养，这正是卢子枢等广东国画研究会发起人所倡导的传统艺术观念。

对于坚守传统创作的路径能否出新的问题区广安认为在审美的范畴没有新与旧，只有好与坏、美与丑。他认为艺术应该从原点、从心灵出发，艺术应该回归本原、回归心灵，人类源发的美感是与生俱来的感受。而他的艺术创作只是使用传统的语言而已，传统的笔墨是一种语言，有如用文言文或者诗词去表达心中的所思与形象。创作本就是一种审美的表达。

审美与地域文化有关，土壤不同表现形式也不同，故东西方艺术的表现形式就非常不同。他说有些人认识上有误区，总认为传统没新意，但新意也要经得起历史的考验，一种艺术语言的形成可能经历数百年，而我们却曾经为了单纯追求所谓的“新意”而照单全收西方审美，由此极容易扭曲东方的审美范式，甚至造成东方审美的堕落。写意是东方式诗性的思维特点，写意是表现心灵、表现情感而不突出表现现实的，是用传统的语言去表现心中的形象与所思所想。

传统绘画形式能否映照当下？区广安认为，传统绘画只是借用传统的绘画语言、画面形式表现当下的生活。他表示，古人的生活与现代也有许多共同之处，品茶抚琴，观景赏花，贴春联等，除了衣着形象不同，并没有太大的差异。由于他的创作是有感而发，随心所欲，生活在当下，感想在当下，表达中自然就有当下的东西。

传统绘画是一种文化积淀，就像文字一样是积淀下来并用以表达的。创新则是在积淀的基础上开拓的，比如书法，不临碑帖就自诩“创新”，这是轻浮的。“新”的是时代印记，任何一个时代都会留下本身的痕迹，不用刻意赋予，回过头来看历史，唐宋元明清都有各自风格，不需要当时的人们去刻意归纳与表现。艺术的关键不在于传统与现代的兼容与否，而在于高明与否，搞艺术没有思考而随波逐流是不幸且可悲的。

对于自己的艺术人生，区广安说，这是急不来的，还是要继续学习，继续沉淀熏陶。他将继续以古为师，跟着古人走，往深处走，传统有多深就能走多远，没有传统是站不住脚的。他说如果真的要说计划，短期是“废纸三千”，不断锤炼；中期是70岁以前，不断向古人学艺；长期来说是希望70岁以后，随心所欲而不逾道，道是天性，是规律。他的口头禅是“只问耕耘，不问收获”，关键是拥有一种平实的心态，拥有一种对艺术的虔诚。

区广安工作很忙，绘画艺术达到如今的程度，他是如何做好两者之间的平衡的？区广安说人每天有“三个八小时”，八小时工作，八小时睡觉，剩下的八小时怎样利用就很重要了。而且，事物都是相辅相成的，工作的历练也会反馈到艺术上，艺术上的修养同样会反馈到工作上。

身为高等院校硕士研究生导师的区广安，平时也要带学生。他对学生的要求重点是培养在素质上的修养、在传统文化上的修养，相处的方式是亦师亦友，一起交流，一起研究，教学相长，有时学生的感悟对自己也是一种启发。他认为学艺术是一

种人生修行，不必要求学生达到怎样的成就，因为每个人的条件都不同。艺术要成功必须具备三方面的条件，缺一不可：首先是缘分，包括师缘、地缘和机缘；其次是勤奋，艺术是半个思想者和半个手艺人，思考积淀，工多艺熟；再者是天分，各自修行，要靠悟性。

区广安不敢说自己有天分，但勤奋是看得见的，近年来他

千里丹霞

区广安

坚持每天一篇“闲言戏语”的写作和“日课”的绘画创作，天天把生活中的所见所思表现出来。区广安对传统艺术的这种执着，也许可视作换个视角看世界，会有意外的发现。

2019年3月

喻冬友：字斌，号种竹山人，1965年生于浙江台州。1984年毕业于黄岩市工艺美术学校，20世纪90年代末师从周国城先生。现为广州市美术家协会理事、广州市天河区美术家协会副主席，2009年有三张作品被广州市国家档案馆收藏，2016年两张作品被广东省文化厅大楼选用。

画画很过瘾，玩木头也很过瘾

——记画家喻冬友

人生可以有一门爱好伴随终身而且不断发展，那将是幸福的；人生从事的职业能丰衣足食而又恰是自己的爱好，那将是幸运的。从这两个方面来说，喻冬友（也名喻斌）应是做到了。

喻冬友是画家，也可以说是儒商，他的生活状态就是玩木头和画画，有生意时谈谈生意，无他事时练练笔头，画一段时间累了便坐下来喝泡茶或者吸支烟，自我得意自我欣赏一下。他说画画很过瘾，玩木头也很过瘾。当然他的经济来源靠玩木头，但他更倾情的是画画。

出生于浙江的喻冬友，因为他哥哥从事工艺美术行当和画画，加上生长于文化氛围浓郁的环境中，自幼耳闻目染，备受熏陶，也喜欢上了画画，并考上了当地的黄岩美专，攻读山水画。

他学习之余画竹帘、画服装、画鸡蛋壳之类工艺品，攒点工钱，边画边供自己读书。这不仅锻炼了画技，也培养了自身敏锐的商业意识。当年他来到广东省工艺美术研究所工作时，有一次无意中发现省第二轻工业厅有许多废弃的菠萝格船木，由于觉得可惜而向厅领导建议可以用来做红木家具，谁知建议被采纳后竟要他回家乡招工来广州办木雕厂，从此他与木头也结下了不解之缘。自身艺术方面的知识和审美观念在木头这片天地中得以施展，他如鱼得水，生意逐渐做大，画画更因有了经济的保障而得以坚持，不事功利。

喻冬友偏爱画松竹，不仅因为松竹自古有文人墨客赋予的高雅品性，更因为他从小便与竹结缘——小时候门前屋后遍植竹树，赏竹姿，听竹涛，观笋长，摘竹芯……而读美专时又每天去附近的九峰公园写生，园中古松参天，千姿百态，苍劲挺拔，为他提供了无数画图的范式。

过往的生活，细微的观察，他与身边树植景物有着共同成长的浓厚感情，因而一直乐于表现记忆中的美好。他说要画好心中的对象，首先要喜欢这对象，要有表现它的冲动或激情，并深入理解与观察，才能画出它的神韵与本真，画出认知者的共鸣。因而他笔下的松竹，既是现实世界中的，也是倾注了感情的。

喻冬友艺术上的成长，除了由其发自内心的热爱外，还有当年美专蒋文兵、陈文天等老师的悉心教导，以及来广州后师从的周国城老师的点拨，更有对早年在家乡经常可接触到的潘天寿、陆俨少等名师作品的临摹。在广州生活后，受岭南画派鼻祖居廉、居巢及黎雄才的“黎家松”等画风的影响，加之各

竹石图

喻冬友

暮色苍茫看劲松

喻冬友

种观念的碰撞与各种养分的吸收，他融会贯通，积极感悟与演绎，力求既有古风与传承，又有自己的风格。喻冬友说，一个画家想走出来，古人的东西不能丢，丢了传统就没了灵魂，骨子里要有传统的东西才站得住，当然更要融入自己的体悟，然后逐步形成自己的语言，这才是正道。

喻冬友也自知自己的艺术磨炼虽历经多年，但在自身的艺术历程上还只是启程不远的“在路上”。他积极筹备个展，认为举办画展既是集中“检阅”，听取师友的意见，也是对自己一个时段创作的梳理，检讨自身的不足与问题，每个问题都是前进的基石，发现问题是一种能力，也是不断攀登、不断摸索的路向。

喻冬友喜欢画画，也享受画画的过程，他每天必须动动笔，或者临写名师作品，或者忆写印象中的景物，或者去感受一下外界的新鲜景象……一说起过去，他的脑际就时常浮现出儿时家乡山谷雨雾缭绕、树木苍茫，溪边小竹摇曳、蜓飞蝶舞的景象，于是创作的冲动又被调动起来了，触景生情，画兴大作。这常常是驱动他创作的心潮。他说没有想法、没有联想能力的人是成不了画家的，他觉得自己具备这样的能力，所以愿意不断画下去，哪怕是数十米长的大画，他也一张接着一张，虽然光画松针都会使人累趴，但心中有信念，创作就有动力。他觉得自己擅画大画，画起大画来可以直抒胸臆、淋漓酣畅。

他说，做到才是硬道理，相信自己在艺术上的努力总会换来不断迈向新台阶的愉悦。

2017年11月

田流沙：1970年出生于广东普宁市，1994年毕业于广州美术学院油画系，中国卡通一代艺术流派创始人之一及该流派代表性艺术家，现工作生活于北京、广州。

田流沙：浪子流沙独行侠

改革开放之初，国内美术界掀起了“85美术新潮”，美术界经历了一次大的思想冲击。当时年轻一代对艺术革新、艺术风格、艺术形式和思想都充满渴望，青年艺术群体不断涌现。随后20世纪90年代初，中国卡通一代艺术流派也在广州兴起，当时的创始人有黄一瀚、田流沙、响叮当……说起这段过往，画家田流沙眼里多了几许迷离与一丝不舍，他说当年思想叛逆，喜欢标新立异，而卡通一代应是一次有预谋的文化启蒙运动。他们预判未来，创作的冲动从刻板的、主题的转向了对身边商业文明的关注，艺术感觉更加开放与轻松。

田流沙自称是最早一代的独立职业艺术家，在那个大学毕业仍有工作分配的年代，他却选择了一毕业就失业，披头散发两抹胡须一脸拽气地参加着各种当代艺术和行为艺术展览。因为他很自信，毕业创作的作品是第二届中国艺术博览会的10件获奖作品之一；当时在上海举办的全国第二届当代艺术文献展，他也是参展艺术家之一；更为让他自信的是参加第二届中国艺术博览会时他的作品就被巴黎当代画廊的老板乔治（艺术博士）看上，一幅卖了2.8万美元，在那个年代可算天价了，乔治还邀请他去巴黎办个展，在其帮助下，田流沙第二年就成行了，且卖出了一些作品。

回国后，田流沙顺应国内商业大潮也办公司做起设计与广告来，但这次却以失败告终，由于对艺术创作的热爱与经营管理的投入两头不着边，他三年后就不干了。但田流沙认为这种经历对他的创作有帮助，经商过程中提高了敏锐度，掌握了图式解读以及吸引眼球的营造方法，是其他画家所较少具有的。而且他早期的作品有着浓烈的消费主义色彩，轻快而富有商业美感，鲜活的个性符合时代的审美，与传统有所区分，于是作品很容易跳出来，也吸引了如法国、美国、德国、英国等国的粉丝。

2007年，随着当代艺术在北京的影响与辐射效应增加，田流沙又去了北京，以装置、热点话题表达着他的卡通一代风格。他保持着艺术的独立性，以自由艺术家的身份做着另类的艺术，没有转向主流创作的倾向。对此，他自认这样走比较累，特别是国内市场还是倾向于权威组织认可，而且买画的、收藏的群体当中，懂画的还是少数，但他始终坚持以作品呈现社会多元价值，而不是通过活动与关系去获取地位，他说选择艺术就是选择一种人生，路是自己走出来的。

现在田流沙依然在北京保留有画室，保持北京、广州两头顾的状态，因此许多人经常不知道他身在何处。就这样特立独行，依然保持着毕业时“独行侠”的做派，这或许也正是他起名流沙的用意吧。流沙、流沙，浪迹天涯，以画为生。

田流沙的创作以“懒女人”为主要内容已有10多年了，这是源于当年卡通一代的创作在寻求创新时，为了有别于当代艺术都是西方式的表达方式，他思考可否从传统艺术中寻找元素，于是他在敦煌壁画里找到了一些相应的素材，比如飞天，壁画里仕女的脸谱符号感很强，移用到他的创作上形成了一种世俗生活与传统信仰情怀的融合与独特性。画里的“懒女人”活色生香，多姿多彩，而且色调上多偏黄色，因为黄在传统世俗里显得高贵，在佛教中也比较受欢迎。而且虽是油画，造型却以线的形式来表达，色彩以平涂来表现，形成了一种画面的冲突感，比较容易抓人眼球。

相较传统的油画是一笔一笔加出来的，田流沙却是一笔一笔往后退，反方向的表达手法，画面颜色非常薄，这种清爽很难得，这种表达可以说是唯一的。吴冠中先生的作品，通过油画的提炼表达，色彩的氛围与水墨融为一体，表达了中国的意境与东方的宁静，但又是纯粹的西方画的感觉。田流沙取法吴冠中，却又从吴画跳出来了，艺术风格很突出。

当年也有人批评他的油画没有西方的光影，感觉比较弱，但这恰恰是他的特点，是西方艺术的表达所达不到的，里面更多的是个人的主观情绪及东方式的意境。这种光影的弱化刚开始人们或许不习惯，会觉得怪，但这恰恰是一种创新或革命的前兆，艺术最终追求的还是精神上的释放与主观的表现。全球经济一体化的背景下，我们强调文化自信，而田流沙的油画正是在本土找到了一种可能性，又不完全依照西方的思路，而是在骨子里衔接转化，既蕴含着盛唐的气象，又洋溢着现代时尚的气息，这就是一种革新与文化自信的表现。

当然，田流沙仍走在有点波折的路上，但他并不怀疑前途的光明。他说当代艺术的核心价值不在作品本身，而在其引发

田流沙画作

的消费与影响，其价值往往比原画作不知要高多少倍。他正在为“形而上”的作品寻找“形而下”的嫁接，他要做衍生品运作，要让自己的创作走进千家万户，他的“100个情人”创作系列，旨在创作“懒女人”各种各样的情绪与造型，并找100位诗人配100首诗，然后配图出版，是一次通俗与学术相结合的传播尝试。在此基础上，然后可以做版画，可以做服饰丝巾，可以做酒标……有精品的，有限量的；利用互联网，利用各种载体，利用各种渠道；可以做推广，可以讲故事，可以生活秀：总之要接地气、立体的传播，要采用一种有效的商业模式。他说，中国经济好、市场体量大，广州包容活力、商业氛围浓……

对于富有想象力、创造力和充满激情的艺术家田流沙，在此寄予美好的祝愿。

2018年3月

罗渊：中国美术家协会会员、中华诗词学会会员、广东省美术家协会理事、广东省书法家协会理事、广东省中国文物鉴藏家协会理事。1997年在中国美术馆举办个人画展，出版有《山川风云》等个人专集10多种，主编过《将军墨缘》《金秋送爽》等30余种书籍。

择高处立、就平处坐、向宽处行的艺术之路

画家罗渊既专注又迂回、既执着又顺其自然的艺术人生形成了他择高处立、就平处坐、向宽处行的艺术之路。择高处立指其诗书画兼具，格调不俗，融会众家之长而自出机杼；就平处坐指其定位明确，谦逊平和，受众颇多；向宽处行指其辛勤探索，追求品位，雅俗共赏。

20世纪60年代出生于粤北翁源客家山村的罗渊，自幼喜欢书法诗词，青少年便在专业诗词刊物上发表作品。20岁前后他开始学画，并立志要当一名画家，没日没夜地干起来，几十年来都保持这种状态。他早年当过教师、美工、县文化局工作人员，后来又当过兵，但所有工作中他都没扔下画笔，始终为画画创造条件。在部队15年，他利用业余时间临习大量名家碑帖，

研究了诸多山水画大家的作品，还创作了不少诗词歌赋，并于1993年在中国人民革命军事博物馆举办五人联展时被看中而为国务院港澳办贵宾厅创作巨幅画作，1997年又在中国美术馆成功举办个人画展，2002年从武警部队转业的罗渊选择了自主就业，以便能全身心投入地当一名职业画家。

青少年时期的罗渊，自学诗书画是他最大的乐趣，沉浸其间也苦乐其中，因而他的艺术修炼之路也就与科班画家不同，没有模式化的系统，也没有条条框框。中国画需要书法基础，也需要文学内涵，更需要思想立意与创作激情。所幸这些罗渊都具备或提前做了准备：书法的基本功成为他领略中国画精髓的敲门砖；青少年时期的诗文训练使他更易体会诗中有画、画中有诗；而改革开放大潮冲击着罗渊的创作思绪，这种高歌猛进、大国气象，都可以在其创作中找到对应的象征与体现。

罗渊的艺术之路，始于青春年华学习刘国松、张大千的泼墨，融入诗词画意画了一段时间月亮；到20世纪90年代中期由于为国务院港澳办创作“旭日东升”，画太阳的邀约多了。出于对国家强大、民族进步的强烈情感，在创作上又希望能找到一个对象来体现民族精神，于是他选定铁骨铮铮、百折不挠的松树，这种顶天立地的风骨、凛然不屈的气节和昂扬奋进的精神，正是中华民族的精魂。因而他临习历代名家画松，尤其是钱松喦、黎雄才等，在此期间，他更试图寻找一种个性强烈、符号化、精神上的松树，反映中国当下之大变革。为此他做过种种的尝试与实验，直到一次偶然运用一种毛笔笔势呈现出心中的效果并在大量创作中不断提炼强化，形成自己的符号与画作面目。

罗渊找到了自己的笔墨语言。他广采百家，自我修为，每当需要用到哪个题材或技艺的时候，他就找到资料研磨、突破。

山水画作

罗渊

屈铁高枝

罗渊

雄风

罗渊

这种“拿来主义”“到处偷师”，使他在三四十年来画笔不辍的坚持下，基本上每天画到凌晨，创作的强度非常大，积累甚丰。

特别是画松树，他借用历代诗词中有关松树的意境来创作，越画越发现千变万化，有着一辈子都画不完的内涵与形式。他创作上形式比较自由，但在生活上比较务实。作为职业画家，社会的需求多是他的太阳画，而学术上则以松树为主。太阳画通俗好懂，笔墨语言是文雅的；陪衬的松树则坚韧不拔，学术性强。二者熔于一炉，就与社会上的行画区别开来，受到市场欢迎。

罗渊除了诗书画创作，还擅于艺术收藏。罗渊说，画家一生作品的存量都非常有限，存量最多的花鸟画家齐白石估量也就三五万幅，而山水画创作更耗时耗力，画家主要创作年龄在40多岁到70多岁，一辈子也就三四千幅，放到整个社会就显得稀缺了。罗渊的收藏一开始还比较广泛，后来就选一些自己喜欢的名家或觉得有潜力的青年画家，这样边卖自己的画，边收藏和卖别人的画，物质财富与精神财富都得到了积累。

虽然曾在军营里生活了10多个春秋，但与之相符合的强悍、狂野、坚韧与骨力等气质却只体现在罗渊的画里。罗渊外表温和低调，内心却执着坚毅，他说搞艺术要有个性，但做人却要低调，因为一山更比一山高。作为画家，他衷心地希望国家强大，他说有好环境才有好创作，从他的艺术创作中也能感受到这种气息，他笔下的壮丽河山与挺拔苍松表现出一种阳光与正气，表现出一种蓬勃向上的正能量，这也正是罗渊的艺术面貌与人生观。

2018年5月

孙洪敏：1961年9月出生于吉林。1988年毕业于广州美术学院油画系油画专业（本科），获学士学位；1999年广州美术学院油画系研修班结业。现为广东画院创作室副主任、国家一级美术师、中国美术家协会会员、广东省美术家协会副主席、广东省美术家协会油画艺术委员会副主任、广东青年画院院长。作品被中国美术馆、广州艺术博物院、广东美术馆等机构收藏。在《江苏画刊》《美术报》《中国美术家通讯》等刊物发表过多篇学术论文及作品。

孙洪敏：艺术就该真诚

在柯木塱艺术园，几幢相互连通的“回”形建筑后门，是连接斜坡与半山的停车场，据说半山上有几只流浪猫。每次去柯木塱艺术园停车时，流浪猫没看到，倒常见到一位身材娇小、面带关切的女士在询问保安见到小白没有，她给的食物小白吃了没有……这位和蔼的女士就是著名油画家孙洪敏，小白是她最关心的一只流浪猫。

与孙洪敏聊天，她常会不自觉地提起小白，说小白多懂事，路过听到她声音就会奔过来。说起小白时又不自觉地谈到她的儿子，言语中掩饰不了内心深处的关爱。她又说到同样关心的青年画院学生，这群小孩既怕她又爱她，他们给她这个广东青年画院院长起了个昵称——孙妈妈。

孙妈妈很凶，关心他们的学业，关心他们的成长与就业。她说，这群小孩中有些人在各种展览中不断获奖，有些人还不够突出；有些人有职业了，有些人还不知毕业后何去何从；有些人已经知道以后的路怎么走，有些人仍然傻乎乎……她为他们筹备毕业展，筹备出画册，不仅要邀请评论家皮道坚、杨小彦等参加画展，还要带学生们到他们的工作室，让他们沟通聊天，让前辈为他们支着……

虽然毕业后就各奔东西了，但她会鼓励学生们对艺术坚持下去，不管从事什么职业，都不能丢，起码每年画几幅，让手不生疏，让情感不生分……孙洪敏理解学生们的难，一起办画展时她卖不成画，学生倒卖成画了，因为她积极向藏家推荐学生的作品，让藏家们买学生的作品，给学生一种鼓励，让他们有信心走下去，再难也要挤时间画点画。她平时对他们严厉，与他们闹，对他们唠唠叨叨，说到要毕业了却似乎有点伤感……

之所以理解学生，是因为孙洪敏也是从学生时代走过来的，她广州美术学院本科毕业后去做了10年的广告。后来她的同学、著名的油画家谢楚余说她“是画画的料”，劝她回来画画。她思考清楚后便足不出户躲起来恶补画艺，原来学印象派和苏（联）派的她，转身在古典油画范畴苦攻了四年，画了大量的东西，有积累有琢磨。由于能静下心来，她很快就在各种展览中不断获奖，被认为是一匹黑马。当然，她认为也是因为跟了一位好老师。她报读了古典油画大家郭润文老师的高研班，她很怀念郭润文言传身教与作画示范的日子，那些日子里常常画到错过饭堂开饭的时间，于是学生们就和老师到学校附近的小餐馆打边炉，一只鸡一瓶酒，一个晚上聊人生聊艺术，常常从

花花世界

孙洪敏

傍晚聊到深夜。

最终，孙洪敏也成了各大美术机构争相挖角的人才，先是在广州画院成为专职画家，后是广东画院以特殊人才引进向她伸出橄榄枝……说到这里，她至今很感恩广州画院与方土院长，也感谢广东画院领导的信任，使她晋升为学术带头人之一。

孙洪敏的创作以“女孩”为载体，她的“女孩”形象不唯美但真实，在学术上不断获奖却很难走向市场，那种灰色调、冷峻与木呆的表情老百姓一般不会喜欢，但“女孩”却永远是她心中的女孩，她会将“女孩”创作进行到底。她也画过领袖、名流，但“女孩”才是她永远的课题，以往的《女孩·女孩》《青春期》《女孩日记》《我在》……她一幅又一幅，乐此不疲地画着。

她说，以后也会不停地画下去，只是要考虑一种新的切入点，以往偶尔也画“我和你”对视，但新的形式要研究一种对比，一种娱乐性。要新，要做别人没有做过的，比如她准备画一系列西关小姐，表现都市中西化群体的女孩，又要画一系列潮州姿娘（潮州女孩），这又是很乡土很传统的女孩群体，两个群体之间反差大，表现上就富有研究性。表现形式也要特别，可考虑用长卷，分几段，有人，有场景，有环境，有点类似《清明上河图》的表现形式。

画女孩的画家有很多，为什么偏偏孙洪敏的可以经常获奖呢？孙洪敏说她以前只是喜欢这样画，而且用心去表达，并不知道为什么受认同。但18年中，不断地创作与思考，终于认识到她其实都是在画自己，画自己的内心，画自己那时那刻的一种状态，忧郁、无助、焦虑、淡漠等，全在画面中流露。也正是如此，所以真实，人也真实，画也真实。

艺术贵在真诚。有一些画家技艺不错，但画却不能打动人，原因就在于不是表达其熟悉的和真实的东西，只是跟着别人走。

我和你

孙洪敏

孙洪敏说只有她了解、感兴趣、被打动、想表达的东西她才会画，每个人性情不同感悟不同，表达出来的东西也就不同，抓住这一点就与别人不一样了，个性在于此，你就是你，独一无二，所以为什么不表达自己的喜怒哀乐呢。

艺术就该真情，她的画不讨好也不造作。孙洪敏说她以前不喜欢陈奕迅，但有一次听到他一首歌，听了想哭，所以就喜欢上了陈奕迅，因为触动了情感，就像张国荣、邓丽君，永远的“哥哥”，永远的邓丽君，听歌听得想哭听得想笑……这就是真艺术，不能打动人的不叫艺术。

孙洪敏还有一个创作系列是“花花世界”。她说是近些年才开始画的，“女孩”系列没法也没打算走向市场，但出于生存的需要她也尝试画一些其他的。她天生喜欢花，花也可以抽象地表现，多种多样，千姿百态，任其表达，就选择了画花。谁知道一发不可收拾，她笔下的花奔放痛快，绚烂明亮，轻松舒放，释放情绪，现代感强。现代人压力大，孙洪敏这种花的表现返璞归真，利落爽快，笔触色感较纯粹，一下子吸引了人们的眼球。不仅年轻人喜欢，中年人喜欢，老年人也喜欢，收藏也好，赠送也好，又适合现代家居装饰，所以也随之走进了许多家庭或办公场所。

当然，“花花世界”只是孙洪敏创作中的一种调节，“女孩”是她的一个女孩，花儿是她的另一个“女孩”，而正在成长与释放的真实、真诚、真情与善良才是她艺术品质中最为重要的“女孩”，这才是她艺术中最难能可贵的东西。

在这里，我们看到了一位洋溢爱心、率性自然，性格爽朗，天生具有一种亲和感与优雅气质的艺术家，正用她的画笔热忱而执着地叙说着她的生活思考与感情世界。

2018年1月

王也：原名王健，山东枣庄人，毕业于中央美术学院，现为广州作家青苗培育计划杰青班画家、广东省中国画学会理事、佛山艺术创作院院聘画家。

王也：我的画跳跃着欢乐的元素

已记不清美女画家王也是什么时候走入我的视线的了，好像是在水墨村的一次“美女画家”作品联展上，又好像是一次在广州画院与方土、郑阿湃、宋陆京等画家酒后戏墨的活动中，也许是她作品丰富令人目不暇接，也许是我醉意朦胧印象不深。但真正令我留意起王也来的应是广东省中国画学会在深圳举办年会并展出的二十四品花鸟画展上。该展名家林立，佳作纷呈，但其中几幅命名为《物与神游》的作品却以古朴而不乏鲜活气息、浓彩而依然印象清新的感觉跃然眼前，而且作者的名字不太熟悉。后来经过了解才知道原来是毕业于中央美术学院的硕士研究生王也，她是青苗计划中的杰青苗子，而且还是本次展览中最年轻的画家，真不简单。于是我后来参加青苗计划等活动就开始留意起她的作品与身影来。人如其画，她时而旗袍婀娜如大家闺秀，时而素装淡雅如邻家女孩……虽然形象多变但笑颜却始终真诚善意，就如她的作品也是形式多样、内容丰富但始终有着一种形式美感。

王也是一对双胞胎宝贝的母亲，也是一位军嫂，人生的主要角色都在顺理成章中快步迈进。生长于山东，求学于京华的她毕业后便进入了家庭生活，后随军来到了广州。本以为待生活稳定下来找份安稳的工作，然后艺术只当陶冶性情，不想广州青苗计划，使她走在专业美术的路上……

王也说以前总是为了画而画，以画画得到满足，获取一时的成就感，只要有机会就积极参展，争取多亮亮相，增加一点知名度。但近期，她开始静下心来，有时间让自己的世界丰满起来，不再靠参加活动去强迫自己创作，有意识地放慢节奏，让思维先走一会，让思想再往前一点。以前接触新的环境、新的感受、新的心情等每一个艺术点，她都想去尝试，但都是停留在表面，现在意识到应该深挖一口井，起码在一条线上固定下来，深挖下去。

王也的创作以花鸟为主，她对花鸟有了一些新的想法与追求，她毕业创作的是有重彩感觉的热带雨林，这种类型适合自己，也比较受外界认可，但也应赋予一种全新的体现，应有更为轻松愉快的感觉。此外，她觉得花鸟作品不仅能表达心情与性格，还可以表达深刻的内涵。她在酝酿的有两个创作方向：一是从小生活于部队大院的孩子，心中总有着英雄儿女的情结，她想借花鸟画表达一种军魂。漫步于军营，耸立的树木，重叠的树影，苍劲挺拔的树干与那树皮的肌理，在阳光中，在军歌里，斑驳的影像叠现出迷彩服般的印象与坚韧的气质，她觉得

王也画作

这一切都可和花鸟有机结合起来，呈现一种主流的意识。二是在参观故宫博物院艺术展览后，传统文化触发了她的心思，那些倾注古人心血与文化积淀的瓶罐、器皿是那么典雅，那么高贵，她很喜欢，她要把它们转移到画面上，但需要理性一点，需要冷静下来，需要让感觉降到冰点的状态，这样才能准确地表达这些雅物的气质与氛围。它们本身就是一件作品，加上自己的理解与自身的艺术气息后将会呈现出一种什么样的效果，这是她的一种新探索。

王也说，画画有时是一种感情的宣泄，有时也是一种理性的切入。日子越过考虑的范围就越小，最终只能做回自己，做自己力所能及的，做自己爱好的。画画如此，生活的选择也如此。她还年轻，她热爱艺术，她不世故，她觉得目前要做的是把专业的路走好，当作品足够优秀时许多事就变得自然而然了，目前她更想活得自我点，不要太受其他左右。

王也从小家庭环境轻松，人也乐观，她的作品虽然每个时期都有各种活跃的思维与不同的探索方向，但总是思维思辨而又感性感悟，大面积的对比与细密的穿插以及色彩的铺排与点画的勾勒，浓彩与混沌，图腾与活泼，既有着小心思小情调，又有着大气量大格局，形式美感中有着传统的血液又有着当代的元素，颇受观赏者欢迎。

王也还自信地说："喜欢我的画是对的，也许艺术性未必很高，但我整个人都跳跃着欢乐的元素，看我的画也应受到快乐的感染。"

2017年12月

许晓彬：又名植之。1971年生于广东揭阳。1997年毕业于广州美术学院中国画系，获学士学位。2007年毕业于广州美术学院中国画系，获硕士学位，师从方楚雄教授。现任教于广州美术学院中国画学院，为中国美术家协会会员、国家一级美术师、第二届广东青年画院画家、广州画院外聘画家。

轻松雅逸，趣味横生

——许晓彬国画艺术赏析

常常说作品会说话，我是深信不疑的。

画家许晓彬没有显赫的职衔，没有深远的背景，为人温和谦逊，朴实隐秀，且不善言辞，而是常常沉浸在自己的艺术创作中，对其作品没有过多的解说，但喜欢者颇众。我对其作品就是发自内心喜欢的，喜欢这种儒雅的气息，喜欢这种淡然的调子，喜欢这种源于生活又融入艺术家再造的景象，喜欢这种既真实又虚幻的感觉……画作唯美而又轻松，细致处纤毫毕现，造形精准，抒写时笔墨淋漓，神态生动；营造出一处处清幽静谧、古雅素淡、圆融和谐的世界，观赏者有如置身其中，诗情画意，仿若仙境。

这是作者内心追求的境界，也是现代都市人久违的世外桃源，赏画之间，一种向往之心油然而生，产生喜欢的情愫自然不在话下。所以我观赏艺术品有时喜欢听创作者解说，有时更喜欢“听”作品自己的叙述，因为作品会说话。

不过，对许晓彬的艺术作品，观赏之余，我还是忍不住要写下一些对其艺术的理解与探讨。

艺术的本质就是表现生命力，艺术家首要的任务就是赋予作品以生命，艺术作品是艺术家内心的生活、思想和情绪的隐性表达。许晓彬的艺术作品就充分呈现了他对生活的感受与对生存环境的思考，他在画面的经营上首先考虑的是绘画的内容、物象的选择以及主题意义的表达。近年来，许晓彬创作的题材更多选择其生活中曾经感受过的场景与物象，并运用相对写实的手法予以表现和记录，把所见所思与精神诉求赋予其中。于是，创作的思想有了，创作的热情来了，再以饱满的情绪、驰骋的思想，让身心与行动在创作中协调交织，其笔下景物也随之鲜活灵动，富有生命气息，从而感染到观赏者并引起共鸣。

虽然题材选择的倾向性在许晓彬的创作中十分明显，但他选择的题材多为自然景象与生态环境，表达的是作者面对都市生活而产生的精神逃离与寻求隐逸的倾向。

一幅作品给予人美的感受与深刻的印象，并不一定是因为它的题材多重大或者画幅多巨大，更多的是构成绘画的基础因素。欣赏许晓彬的作品，我们不仅能从环境氛围上感受到其自然鲜活、抒情雅逸的氛围，还可以从某一局部、某一技法——比如勾勒皴擦，比如飞白点染，或者一个小道具，或者一个小情节——在经意或不经意中被触动情感甚至引起震撼，艺术的含金量与作者的匠心独运往往就在这些地方体现出来。

风轻寻幽

许晓彬

春塘幽禽

许晓彬

水乡和声

许晓彬

细看许晓彬绘画的基础因素与创作手法，他更多的是运用工写结合的表现方式，侧重于用笔用线，突出中国画的书写性。线是中国画的灵魂，用好了，骨力就体现出来，画作就显得稳健有精神。许晓彬的书法用笔虽然仍有点柔弱，但造型构图严谨，使得画面不失于粗糙而又深具抒写性的精神气质。许晓彬虽在院校体系中深受现代艺术理论与西方创作手法的影响，但骨子里更喜欢的是中国画传统的审美品质与创作精神。他秉承古人所说的“经营位置、应物象形与骨法用笔”互为一体、相辅相成，从而在他的画作中激发出传统的审美特质，突显出中国画的文化属性与传统意蕴。

艺术是心灵自由的释放，是品格灵性的对象化，艺术需要着意，更需要率意；需要感觉，更需要感悟；需要内容的厚实，更需要形式的空灵。对艺术品的观赏同样如是，我们在被艺术作品所触动的同时，更要深入去揣摩作者笔墨背后的情感因素与创作动机。

在中国画中，无论是山水画还是花鸟画，都在探究自然与人类的关系。许晓彬的作品，对环境气氛的渲染实际上就有着山水画中描绘理想家园的精神品质与情结，其作品虽多以禽鸟为主体，但除了禽鸟本身，禽鸟所处的环境与氛围也同样是作者所竭力表达的，作者坚持对表现客体持续观察，从现实生活中获取素材，保持着感受的真实性和时间性，从而达到表现物象的真实感与时空感，这也使我们更容易理解许晓彬作品的个性所在，容易令观赏者有感同身受、置身其间的感觉，从而释放出心灵的共鸣与喜爱。

观赏许晓彬的花鸟画，我们不仅被那些或谛听、或顾盼、或飞鸣、或栖止的鲜活形象所吸引，还被画作传递出的浓浓的乡土情怀所感染。清新淡雅的画面，活泼生动的景象，野逸平和的氛围，渗透出一种田园生活的恬静与大自然勃勃生机的野趣。观之如临其境，悦目怡心，进而细赏又见技法娴熟，工处极致、写处奔放，笔墨融和、线条挺拔，肌理丰富、脉络铺陈清晰有序，块面色彩或过渡或映衬均自然协调，每一幅画作都仿佛在倾诉着作者的所思所爱，如吟似唱，节奏悠悠，惹人沉醉。

2016年6月

水宿云飞禽共乐

许晓彬

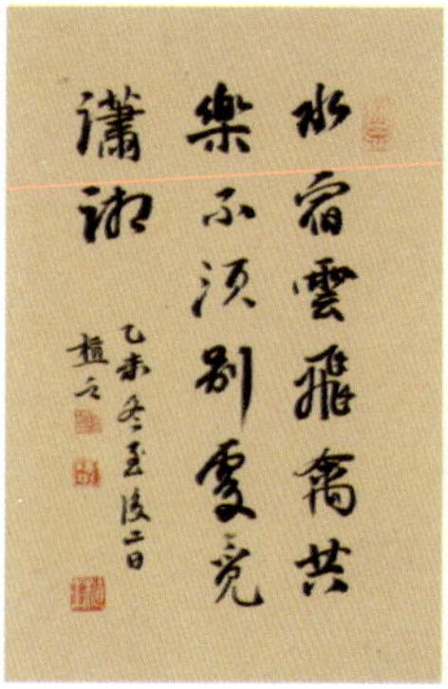

刘思东：又名刘诗东，1964年生于广州。1987年毕业于广州美术学院；1997年结业于广州美术学院国画系山水画专业研究生班；2012届中国艺术研究院美术学访问学者。现为中国美术家协会会员、广东省美术家协会理事、广州市美术家协会副主席、广东中国画学会理事、广州书画名家艺术促进会执行会长、西关画院副院长、梅社书画院副院长、广州炎黄画院副院长。

知天命后，刘思东的画风变了

人到知天命之年后，逐渐就既保留着拼搏努力的惯性，又有不企求结果、对名利荣辱淡然的感觉，知天命是一种对生活与生命积淀的感悟与释然，也是一种迈向新层次生活状态的表现。然而，对艺术，特别是中国传统书画来说，那种对精神境界追求的无止境，那种“与书俱老”的锤炼与表现，知天命却仅是积累到一个阶段的再起步，是一个大好年华。画家刘思东就是在知天命之年后对艺术有了一种不同往常的思考与探索，画风和人生轨迹都有了许多不同往常的尝试与转变——他从科班出身，追慕黄宾虹笔情墨意，到修释悟道，追求艺术上的禅意。他辞去多年的教职，转而从课题项目入手潜心艺术哲学研究，潜心中国画抽象与意象表现的探索，这一步相信是踏入了更广阔的艺术天地与未知终极的新征程。

刘思东是“画二代”，但他自小寄居外婆家，童年与父亲（刘济荣，广州美术学院知名画家）并不常在一起，而工作繁忙的父亲对儿女也是放羊式教养，所以刘思东自小对艺术并没有表现出很强烈的热爱，再加上看惯了父亲一直在画画，并不觉得艺术是多么高大上的事情，何况那个年代“臭老九”地位不高。刘思东九岁开始学画，学得也不系统，对那时的他来说只是一种基础学习，是很平常的事情。在那个年代，人们执着于数理化的教育，对艺术不够重视。刘思东也一心扑在主科的课程上，准备考读工科，可最后偏偏还是让他考上了美院……所幸，刘思东在学习中发觉艺术是个好天地，可以抒发情感，可以修心养性，可以自我陶冶，修炼了自己也感染了别人，进而愈来愈有兴趣，甚至有了事业般的责任感。

毕业后，刘思东一边创作一边教学，在讲解指导中不停地对基础进行夯实，对传统进行回顾与深入研究，学生的新思维也是对其自身艺术思考的触发，教学互补，互为促进。一个阶段后，刘思东又有了新的想法，他说画画说易不易，说难不难，但只要有追求有要求就难，不仅是画画的问题，还有整体文化修养、传统的释儒道、西方的文化思考，我们都要面对，而且要面向将来。“我们要解决的不仅是技巧的问题，还要理清脉络，兼容多方，广泛吸纳，认识趋向，而这些需要有游历、读书、交友、深入研究等许多层次的涉猎与积累。”刘思东说，个人的时间精力毕竟有限，身体条件也有影响，所以到了一定年纪之后，应有所鉴别有所筛选，寻找适合自己的生存状态。正如李可染大师所说的，“以最大的功力打进去，以最大的勇气打出来”，才能通透。

他认为艺术人生应分两段：50岁以前，向传统向高手学习，知晓画画的一切方式，应是走进去了，但如何走出来才是以后要面对的；50岁以后应向内心叩问，为自己而画，以内心把握绘画的世界。真正的艺术才刚刚启程，只有进入绘画的自由世界，才是艺术的正道。“以前学会画画，以后要学会不识画画，从熟走向生，回到个性，回到有生气，回到本质的东西，从追求外在，走向内心修养与抒发，在内中求，不向外求。”

什么才是绘画的自由世界？刘思东认为绘画的本质不在于外在表现，而在于内在的抽象世界。花鸟也好，山水也好，题材只是一个载体，他以前的创作过于追求客观世界，具象的东西多，哪怕写意也存在客观因素多的问题，总是囿于形止于形，书法也如是。他认为，绘画应是没有形象的束缚而是感情的抒发，这方面的研究才是中国画的未来，从有到无，从现实进入虚无的境界，这与佛教的“空”是相吻合的。反观历史，元代绘画将宋代的绘画理念推倒，走向没有人气，没有色彩，向宗教与哲学发展，但还没到极致，还有山，有亭阁，有树木，还很具体，因而我们应走向的是山不是山水不是水的空灵感觉，那才极致。中国画的心灵化、抽象化还有很长的路可以走下去。也许有人担心这样是否会曲高和寡，但刘思东认为随着社会的发展和人们思想层面的成熟，对精神世界的追求会进一步提升，会得到越来越多的共鸣。所以，艺术家就应该立足于曲高和寡，有超乎常人的追求，这也许会孤独，但孤独也是一种境界，而不是讨好时下、讨好流俗。

如果绘画完全抽象，那么评价标准会发生什么变化？刘思东说抽象的标准不是三言两语就能说清的。要认识这个世界，思想上的理解很重要，感悟很重要，虽是空无虚幻，但迈向这个层面才能踏入抽象：空包容一切，物质世界真正有用的是空，

刘思东画作

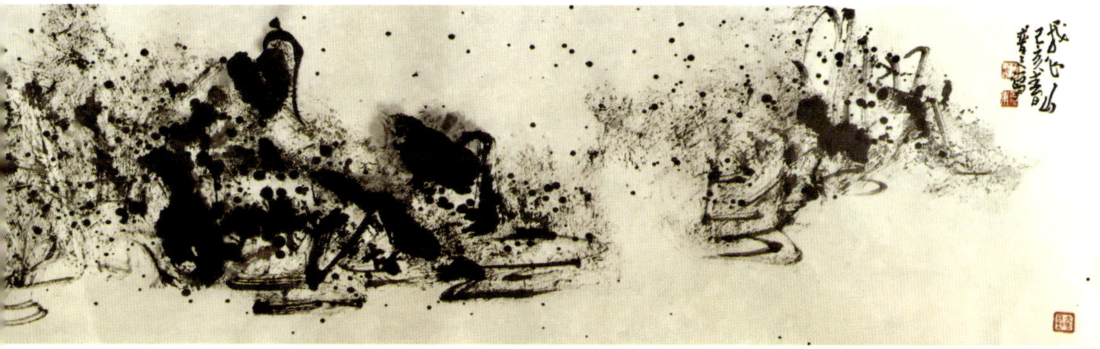

就像庄子所说的“趣取无用”；实是辅助的，就像房子空的部分才是真正实用的。可见抽象比具象更有内涵，更深邃。

画画是务虚而不是务实的艺术，中国画更是如此，应走向虚无的境界，走向哲学的层面。但许多人总是不舍得从熟悉中跳脱出来，总是止于形而游于外。即使是中西绘画艺术对比，我们对西方绘画的认识也有许多误区。其实西方印象派早已走向抽象，在18世纪后与东方文明已有交叉，现在抽象绘画已是西方的传统，是进入博物馆的东西了，而且还在不断发展变化中。

绘画是传统的样式之一，每个人都是艺术家，观念艺术是很高层次的，有人文气息的东西都是艺术，艺术无边无界，处于每个角落，每处空间。信息时代，我们的绘画方式逐渐成了“古典”“高雅”，新一代的介质已离开纸笔离开架上，已是无所不艺术，无所不艺术品，艺术最前沿的事是超越时代的，历史留不住，我们要觉醒。

基于以上的思考，刘思东又强调，画画要了解三个过程，即过去如何；未来怎样；还要有终极认识。而对于当下画家应该怎样做，他认为这就是个人世界观的表现，当年的黄宾虹先生就很有前瞻性，能理清艺术的脉络找到方向，并预期自身艺术未来受认可的程度。画画其实也是很苦的事情，有追求的艺术家总想追求个性，总想建立自己的艺术语言、自己的系统与天地，既是一种苦也是其难得之处和好玩的所在。画画的过程中可以类同，可以学前人，但最终还应是进入自我的世界，太在乎别人怎么看会拘谨约束，太迁就别人的感觉会痛苦不堪，所以艺术最终应不在乎任何人的看法，放任自我的表达，这样才能身心舒畅，但这往往很难做到。

人很渺小，但思想很强大，有学识、文化与认知就会有自信，能看透事物的本质就会有自信，自信了就不会被人左右，就能进入一种潇洒的境界，才可建立自己的系统，才可天马行空，自由自在，这才是真心本性，才是天真无邪，才是艺术的真谛。刘思东说他艺术上追求的就是这种状态，一种佛性童心的状态。

2018年12月

周国城：1950年生于浙江杭州。曾任广东省书法家协会副主席、广州书画研究院院长。现为中国书法家协会会员、中央文史研究馆书画院研究员、西泠印社理事、广州市美术家协会名誉主席、暨南大学艺术硕士研究生导师、广州大学美术学院硕士研究生导师、广州市文史研究馆馆员、国家一级美术师。喜书行草，写梅兰竹菊和水墨荷花。书法、绘画、篆刻等作品多次入选全国、省、市展览并入编专集。在印度尼西亚以及我国广州、深圳、香港、杭州等地举办过个人展览。

周国城：国画没有书法和笔意是一种缺失

人生历程，从学习、就业到生活，常常有许多十字路口，每一次选择都影响深远，甚至决定一生。著名书画家周国城30年前的一次选择，改变了自己的艺术人生，也丰富了岭南艺坛的艺术面貌。

当年在浙江人民美术出版社辖下的《幽默大师》和《今日生活》（原《富春江画报》）先后任副主编和主编的周国城，在杭州已经有很好的平台和人脉，已是浙江省青年书法家协会副主席、杭州青年书画艺术团的团长，小有名气，崭露头角。因为工作，与广州许多艺术名家如连登、卢延光等常有交往。当时广州计划成立书画研究院，因希望能引进更广泛的艺术元素而找到了周国城。

对于调往广州工作，当时身边大多数人并不看好，因为周国城在杭州，哪怕按部就班，也能前景明朗，来广州却是人生地不熟，未来之路充满变数。不过，他还是果断决定，举家南迁！如今看来是选对了，当时的未知数对自己来说却是一种涅槃重生。

后来，广州书画研究院正式成立，周国城任副院长。能从事自己喜欢的专业，周国城很开心，尽管经费不足，尽管没有场地，同时还有许多困难也都需要克服。1998年周国城任院长后，广州书画研究院理念上有别于广州画院等其他机构，开始树立自身品牌，不刻意去冲刺全国美展之类的展赛，更着重于诗书画印的研究与创作，宗旨风格有所不同，办得很活跃，备受好评。

2008年，又一次机遇，广州美协和书协同时换届，周国城被推选为广州美协主席，但由于外地人的标签，这次履职却受到了不少阻力，有许多人反对。因为担任美协主席除了要有专业素养，还要有奉献精神，更要有广泛人脉和社会资源，要能整合一定社会资源推动协会向前发展。前任主席卢延光已经做得很好，他周国城能行吗？

带着疑虑，带着压力，带着办书画研究院的经验，周国城做起了广州美协的当家人。这期间，周国城又发挥曾做过出版的经验，弄了一个“老年艺术家谈艺录”系列，效果很好，深受欢迎。于是一年一册坚持下来，对广州美协的艺术创作做了一个系统的梳理，得到广州市文联的支持与肯定，甚至把广州美协许多工作人员都培养成了专业编辑，在业内形成了品牌。随着影响的扩大，广州美协的活动也越来越丰富起来，出国写生，外出交流，各种册页、手卷、传统文化的专业策展等，协会生机勃发，愈发活跃，影响力也与日俱增……

就这样，来广州近30年中，做了10年书画研究院院长，做了10年美协主席，周国城早已深深爱上了广州，融入了广州。虽然退下来了，如要长期回杭州生活他也不愿意了，因为他在这里已生根，已形成了习惯，已有了生活圈子与艺术发展的土壤，而且广州有他的一班学生，他在天平楼授课、与学生交流，许多学生是颇有长进的，他的审美观与世界观在这里得以延续……

周国城说，世界观的改造困难，形成也困难，说是后天改造习得却只能算是补充。他从小在杭州长大并生活到43岁才离开，自幼潜移默化，世界观和审美观早已形成，早已定格在吴昌硕、黄宾虹等艺术大家的影响上。他虽然在岭南生活这么多年，受岭南文化浸润颇深，但在审美上还是倾向于浙江一带的氛围；早年接触的书画多是柳公权、颜真卿、欧阳询等人的范本，八大山人的花鸟、王铎的书法、兰亭的行草则是后期参加浙江省书协才接触到的，才知道艺术还有更多的美，还有这么多的形式，一经接触，就已如痴如醉。即便现在想看什么艺术形式，只要在网上一找就可以看得到，还有这些年来许多的新内容、新思潮、新认识，接受知识的传统方式受到很多冲击，但他的审美倾向和审美理念却一直没有改变。

杭州是一个艺术重镇。百年传承的西泠印社享誉天下，一直以来根基稳固，脉络绵延，气场强大，吴昌硕奠定的宗旨与走向难以撼动；中国美术学院在中国传统艺术上旗帜鲜明，影响深远，为许多热爱艺术的学子所倾慕，而且培养的许多优秀学生都留在了当地。生长于斯的周国城的审美理念自然深受影响，何况他还是西泠印社的理事，而这里所倡导的最突出的理

周国城画作

念就是传统诗书画印兼修的综合素养。

说到天平楼与带学生，虽然是很松散的，每月上一次课，偶然聚集也是给学生看看作品，但周国城除了传播自己的审美观，灌输诗书画印的理念，也坚持一种学术定位，营造一种学术氛围。他很重视，每次都认真备课，但并没有按书本上的教条泛泛而谈，除了讲技法，讲名家个案分析，讲中国美术史，还结合时下的艺术理念，结合当地的艺术状况，结合个人的艺术个性，扩展课堂内容。周国城对学生的要求是站位要高，态度要认真，要打造一种综合能力与文化修养；不一定每个人都会刻印章，但要懂欣赏。他觉得，近代书画家艺术营养都比较单一，所以要突破、要提高，文学、书法、诗词、绘画都要涉猎。没有天上掉下来的天才，没有大量的锤炼与付出就没相应的成就与收获。周国城没有门派山头的概念，支持学生向其他老师学习。

至于自己的艺术追求，周国城也没有说非要达到什么样的目的，就当作一种爱好一种修养，能走到什么程度则是水到渠成的事情。虽然小时候也学画，在杭州时有闵学林、卓鹤君等许多名家朋友可常交流切磋，但他主要是以书法树名的。任广州书画研究院副院长后，加大了对绘画的侧重；一直以来，他坚持的就是诗书画印的综合体现，这方面他学习的两座高峰就是吴昌硕与黄宾虹。他说以前画家个人修为远远高于当下，我们要有榜样，要努力补上，国画没有书法没有笔意是一种缺失，做不做得到是一回事，超不超越得了则是另外一个层面，但自身要有这种追求和动力。他的绘画题材以传统的梅兰竹菊为主，也有荷花与一些其他花鸟；他的书法以王铎为基点，不断磨炼，融入画作；他的线条学习吴昌硕，穿插摇曳，大气自然：画中有书法，书法中有绘画，两者融为一体，追求一种协调。这也是中国画与其他画种拉开距离的地方。

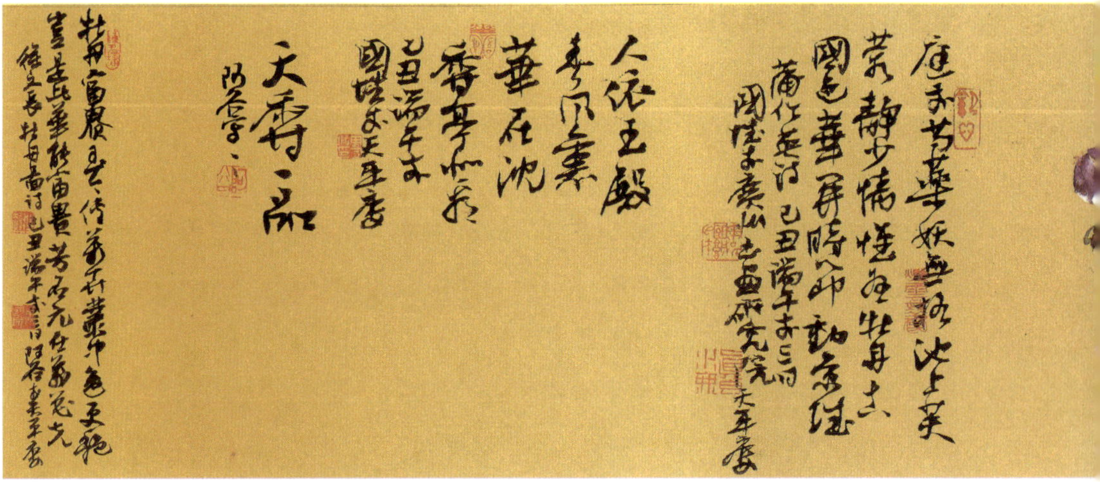

中国画是中国文化哲学精神和人文审美的综合体现，具有兼容并蓄和创造性的艺术精神，是万化融于一的。周国城秉承这一理念，倡导诗书画印兼修并用。他身兼画家、书家、金石家数重身份，创作上积极践行中国文化思想，将传统技法与现代意识相结合。在国画创作上，他以文人画浪漫主义为载体，以花卉点染为博大情怀的寄托，挥毫泼墨，尽情挥洒，特别是其擅长的兰竹荷花等表现元素，以书入画，张力充盈，富有书写意味，尤擅以繁花密枝代替传统的折枝构图，落笔纷披，穿插交织，狂烈中蕴含着耐人寻味的情趣。在书法上，他醉心王铎书风，笔意恣纵，放达洒脱，顿挫抑扬，俯仰有仪，充满视觉张力，以抽象的形式构成表现出较高的审美价值。篆刻方面，他摹追吴昌硕、齐白石，刀趣斑驳，布白交错，结构变化不拘，纯任自然，在严整中出天然，自纯朴处求茂密，古雅厚重，丰神隽永，呈现的不单是力度与厚度的质感，更是一种金石韵味与人文气韵。

春风富贵

周国城

周国城认为，好的国画作品应具有书写的意味、墨韵节奏与个性美感。国画的大写意更难，寥寥几笔，意象万千，不容谬误，成品率比双钩填色低得多。留得住的作品不仅要有情感的自然流露，还要有思想性，不停留于表面的讨喜，不追逐一时的情势。

周国城说，他半生在杭州与广州两个地方生活，有了书法家与画家两个身份，还有一个与学生分享探讨的地方，做一些有益的事情，感到很满足。他认为，做什么事情都要认真对待，写字画画不一定关乎使命感，但从事了这些就要尽力做好，对自己的要求如是，对学生也如是。

以人格精神为载体，以文化思想为领航。周国城先生身体力行，弘扬传统文化，与时代同步，与个性共生，他授徒传道，引领风范，是新时代践行文化自信的艺术家。

2019年5月

羊草：1961年出生于广东省丰顺，1989年毕业于广州美术学院。现任《广州美术研究》主编、广东省美术家协会中国画艺术委员会秘书长、广东省美术家协会理事、广州大学美术和设计学院硕士研究生导师、民进广东开明画院副院长、九华山禅宗书画艺术研究院研究员。

艺术家最好的状态是在路上

欣赏艺术作品，在于通过作品与作者产生共鸣或者在思想意境上有所互动乃至生发。如果要深入了解作品通常都要进一步了解作者的阅历性情、创作技法、艺术风格以及人生观、价值观等方方面面。广东艺坛国画名家羊草丰富的人生阅历、精湛的创作技巧和独到的艺术见解，就非常值得我们了解与思考。

成长于穷乡僻壤，从军后以几乎超龄的年岁考入广州美术学院的羊草，读的是师范系（现在的教育系），本可以跟随名师专修国画，却偏偏选择了工艺专业，因为他认为工艺涉猎面更广，可学的知识更多。他是1989年这一届毕业创作与毕业论文最高分，毕业后从事了报社美编和设计等工作，后来因艺术能力突出而被时任《广州美术研究》主编的艺术家罗远潜赏识并邀请其到该杂志社工作，开始了较为专业的艺术理论研究和艺术创作，并于1997年与罗远潜、苏家芳、卢德平等名家在广州美术学院举办联展。这次展览，羊草以其扎实的基础和大胆新颖的表现形式受到了行内一些艺术大家的关注，时任广州美术学院院长张治安甚至让人找到羊草，提出购买羊草的画作收藏，此后羊卓的名声就传播出来，坚定了他走艺术这条路的信心。

羊草平和的性情、儒雅的气质受益于岭南一方水土的滋养，体现在其画作上是温润雅致、平和内秀以及空灵淡泊的诗意。山水画大家许钦松（中国美协原副主席）评价羊草的画作有一种博大精深的古意，有一种现代审美与时代气息的新意，有一种超然高远、散淡自在的禅意。许钦松还非常赞赏羊草勤奋好学、不急不躁、潜心修为的修养与从艺态度。

羊草虽然自幼酷爱美术，参军时也兼做一些宣传画作，但考进美院后由于没有选择国画专业，在国画的自修上只有沿袭从传统入手、从兴趣入手的方法，宋、元、明、清，王蒙、八大山人、四王四僧、黄宾虹与傅抱石……不管哪一朝哪一代，不管哪一家哪一法，他都广泛吸纳，兼收并蓄……他说，这样的好处是学习上从自己看得懂的与自己喜欢的入手，容易领会也比较投入，不师一师而师众师，广博兼收，视野开阔，能清楚地寻找一条属于自己的艺术道路；并且艺术风格与面貌的形成是与个人性情阅历有关的，是自然而然的，是从量变到质变的。

现在他的画许多人一眼就能看出来，比如古意，便在于大量临摹与学习并在笔墨上不断摸索古隽之趣；禅意便在于不急

高山出平湖

羊草

满纸珠光

羊草

于求成，创作时心无杂念，画面体现出一种“干净”的观感，“干净”不等于画的内容少，羊草的画作多是内容丰富的，但丰富乃至表象繁多也能体现出一种心境的宁静与超然；至于新意，羊草应用工艺美术的技法，并受从事装饰设计的知识以及现代艺术观念和生活方式的影响，为其艺术创作注入了新的活力，新意自然勃发。

羊草虽然在美院读书时便以写生能力强著称，但为了吃透自己所缺失的传统功夫，闭门10年时间专心研习前人绘画理论和传统笔墨构图技法，深有心得。到了2007年，成为广东画院签约画家时，他才与其他画家一起走进大自然写生，熟稔传统技法、写生能力强的他面对真观实景运用笔墨时如鱼得水，在传统与现实的融通转换中找到了一个结合点，也形成了羊草独特的写生风格。

羊草深知，当下艺术家作品必须具有时代精神，画有古意不等于古画，走进传统后要走出来，写生就是最好的方法，因此他有空就走出去，到大自然中找寻艺术创作原点。多年的传统美术基础为他积累了丰富的表现语言，就像写作一样，没有词汇的积累，没有思想的深入，是难以写出好文章的。羊草用深厚传统的笔墨技法与自己揣摩的艺术语言去表现大自然的千变万化，去表现书本中没有的景象与妙思，做到合乎逻辑而又合乎画理。这种写生锻炼了他的观察能力、动手能力和综合能力。

羊草觉得艺术创作不同于其他行业，不但要勤奋，更需要天赋。悟性来自天赋，有悟性又勤快是成为好画家必须具备的因素，这很重要；摈弃功利保持平和心境也很重要，心无杂念，画自然就干净。画家创作最好的状态是在路上，一路走，一路看，寻找一条适合自己的路，虽然不可能一路都是坦途，但有方向自然就有目标可循，这种感觉也很幸福。途中遇到过不去的坎就停一停，看一看，想一想，看看其他艺术家的作品，看看其他画种，看看其他事物，不经意间就有了触点，有了悟化，有了路向……

羊草除了主攻山水，也涉猎其他题材，良好的造型能力让他在人物画上游刃有余。花鸟画则彰显他的刚健用笔和笔情墨趣。画种相互转换中也是一种渗透和融合，取长补短，不仅多了艺术表现的题材形式，还可把不同画种的表现手法应用在不同的题材作品上，丰富了作品的内涵。

这样一来，不同艺术家、不同收藏家或不同爱好者会对其作品有不同的喜好，或喜欢他的山水，或喜欢他的人物，或喜欢他的花鸟……此前，羊草在广州艺术博物院举办的个人画展，就展出了他近年来创作的山水、人物、花鸟及写生作品近百幅，全面展示他多面手的艺术才能，广受学术界和其他社会各界好评。

羊草认为艺术是相通的，学科之间不必分得太清楚，纵观历代大家，哪个不是样样精通。因而，我们有理由相信羊草能在艺术的大道上走出一条完完全全属于自己的道路来。

2017年7月

黄唯理：1961年生，广东惠阳人。广东画院专业画家、国家一级美术师。中国美术家协会会员、广东省美术家协会理事、中国画创作研究院研究员、广东省中国画学会副秘书长、九三学社广东书画院院长、广东省文史研究馆特聘馆员、广东省艺术高级专业资格评审委员会委员、广东省非物质文化遗产保护工作专家委员会委员、广东技术师范大学及广州大学客座教授、硕士生导师。

不曾拥有过，何来舍弃时的潇洒

——黄唯理的沿海山水探索

与画家黄唯理认识许多年了。唯理兄一贯为人谦逊温和、言语慢条斯理，性情做派几乎没有变化，但在艺术表现上他却一种面貌又一种面貌地探索着，从色彩张扬到丰满繁复再到迷离简约……每一个阶段的画作拿出来相比竟有着莫大的变化。

近年来，黄唯理着意于沿海山水题材的探索。海岸生活、沿海风光在传统国画中比较少见，一切的图式与表现技法靠自己去摸索。黄唯理说名山大川富有鲜明的样貌特色，数千年来已被无数人描绘与表现，他有点不愿意再去重复，反而对他所置身生活的南方景观充满表现的欲望。

相对来说，大量描绘名山大川的传统经典作品均为范作，因此比较容易画；而表现南方沿海景色的前人作品所见甚少，故今人要画起来难度不小。但他认为自己生活在南方，对这里的景象与内里的本色较为了解，如果画得好的话或许可以走出一条自己的路来，这条沿海山水的路也是时下“一带一路”的时代背景之路，所以他用的是传统的笔墨与章法，表现的却是当下的景象与气息，画中的建筑物、船只、车辆、人物、服饰、飞机等都是现代的，甚至国家战略的海岛礁群建设也纳入了他的作品。

对于这一系列的画作，他命名为“山海经”，因为这里有山有海，有着许多翻天覆地的变化与传奇故事，加上他一向在艺术表现上喜欢呈现一种梦幻迷离的诗意，若隐若现，半梦半醒，与名著《山海经》中不少神话故事似乎有着一种呼应。当然，他也不太受生活的限制，画上的风景已不是现实生活中具体的哪一座山哪一处景，着意的只是时代的气息与时下的人文关怀。

此外，从“山海经”这系列的画作我们不仅看到了南方泽润之潮，也看到了时代发展之潮。画作以纯水墨为主，而且多有云雾烟岚，与黄唯理以往从油画转型时擅长处理色彩而色彩张扬的系列画作不同，也与他层层叠叠、丰满繁复的系列画作不同，显得简约质朴，新意盎然。问及缘何割舍了色彩，黄唯理认为中国画最重要的是笔墨，最核心的是写意，不是色彩的路没办法走下去，而是感觉上他已越来越倾向于意蕴与笔墨了。墨分五彩，墨色的变化已包括了世界上所有的色彩，而且他的创作也越来越趋向于简化，返璞归真，他从不厌其烦的细致描绘开始，舍弃掉一些不表现胜于表现的东西，走向概括与意象。

中国艺术最突出的成就在于意象与笔墨，许多先辈在这方面已是楷模，比如八大山人，比如倪瓒，比如齐白石、吴昌硕等等，几笔几划，一石一物，均是气象万千，大气磅礴，所以舍弃繁杂、走向提炼是必由之路。当然繁复之后再简约是一种历练与追求，

山海经No. 1

黄唯理

山海经No. 4

黄唯理

而不是一开始就简约，不是为简约而简约。只有先体会了世界的纷繁再体会世界的本真，这样的体会才深刻，没有拥有何来舍弃的潇洒。

现阶段黄唯理的简约主要体现在借助烟云的表现并舍弃了一些多余的东西，他最终应走向简洁与质朴，借助空白的“无”体现无限的“有”。并且中国画是一种案头艺术，表现大气象不在于大尺幅。小画幅呈现大气象也是黄唯理的艺术特点，他画册中一些小画没看尺寸时，许多人会误以为是巨幅画呢，这与一些貌似很大的画幅印出来却感觉是一幅小画者不同，这也是黄唯理艺术上的过人之处。艺术气象不在于尺幅，而在于心胸，心中有丘壑，景象自万千。

2017年9月

“家园·梦”系列之一

黄唯理

宋陆京：1970年生于河南博爱，中国艺术研究院山水艺术硕士。现为国家一级美术师、中国美术家协会会员、广东省美术家协会理事、广东省美术家协会中国画艺委会委员、广东省中国画学会副秘书长、清华大学美术学院客座教授、广州大学美术学院客座教授及研究生导师，广州市宣传文化优秀创新团队负责人，国家艺术基金课题项目评审专家、广东省教育厅高校优秀传统文化评审专家、广州国家青苗画家培训计划课题组专家。

宋陆京：大拙不雕，大器晚成

绘画不是画出来的，而是修出来的。绘画不仅需要技巧，更重要的是作者修养的自然流露，修养除了悟性，还有就是生活的历练与学识的积累。一幅好的绘画作品，不仅让人看到画面的形象，还让人感觉到背后作者的气息及作者的情感，甚至进而了解作者人生的故事。一位阅历丰富的艺术家，其本身的故事往往就会增加其作品的传播性与艺术性，画家宋陆京就是一位阅历丰富而又有故事的人。

宋陆京自幼受其书法家兼艺术评论家哥哥的影响，11岁就开始写字画画，在河南当地小有名气：14岁就在少儿比赛中获得一等奖，向各种赛事投稿的作品不断入选与获奖。书法成就

岭南长春

宋陆京

了其少年时期的文艺生活。后来大学本科读的是工艺美术，但因为从小拿毛笔，书法、绘画一直没有丢。20世纪90年代初，踏入社会后干了许多工种：做过装裱，做过广告；做过工人，做过管理；还跟过和尚、道士云游，研究过风水；也自己开过广告公司，其间也曾风餐露宿，飘零无着……90年代末，随着广东经济的蓬勃发展，当地人们对书画艺术等精神需求日隆，看到有同乡的书法家来广东办书法展览收获满丰，他心生羡慕，于是停薪留职，闯荡江湖，又转回老本行。30岁就做起了靠卖书画为生的职业书画家，很早就在广东潮汕地区办书画展、刻印章，靠这些本事求生存。当时他也很受潮汕地区各界的欢迎，2000年时，曾一夜刻印收入上万元。2001年后，他又转移到东莞。后来去了北京荣宝斋办个展，被广州画院赏识而聘为特聘画家。这段时间，他萌生了进入专业机构做专业画家的念头，于是去了国家画院和清华美院进修，进而在近40岁时考取了中央美院陈平教授的研究生，攻读了美术学山水专业硕士，从而能在2014年以人才引进方式从原单位调动到广州画院，成为正式编制的专业画家。

看完宋陆京这段从南到北又从北到南的丰富人生阅历，也许有人会认为他要么是一脸斯文又精明能干的形象，要么是满脸世故、精明圆滑的人物。但事实却大相径庭：他额满耳厚，胡须浓密，加上头圆发寸，走路阔步晃摆，乍一看竟有点花和尚鲁智深的感觉；进而接触，还可见其举止淡定，表情木讷，直率沉静，有点朴实憨厚的感觉。宋陆京到底是憨厚还是大智若愚，有待别论，但他确实是一位进取而有担当的艺术家，尽管作品在社会上有了一定的认可度与市场接受度，但进入画院后他对自己的要求不同了，出于内心的一种责任，他觉得画画不再是一种为个人喜好的随意泼写，作为画院这一研究机构的一员，他的创作应是由“小我”发展到与同行之间切磋互动，艺术上有学

洪阳街景

宋陆京

秋景图

宋陆京

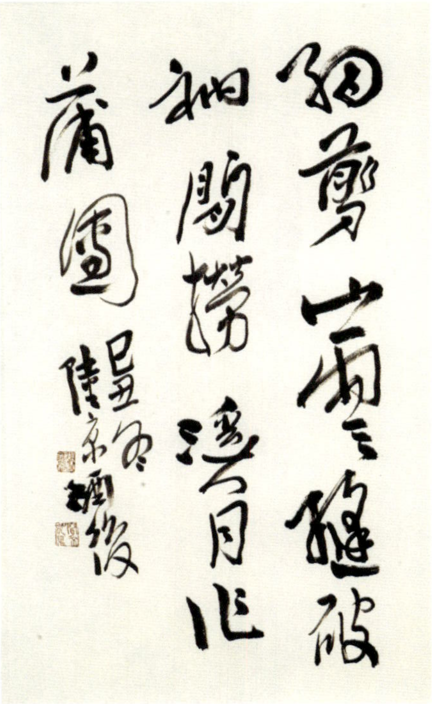

细剪山云缝破衲

宋陆京

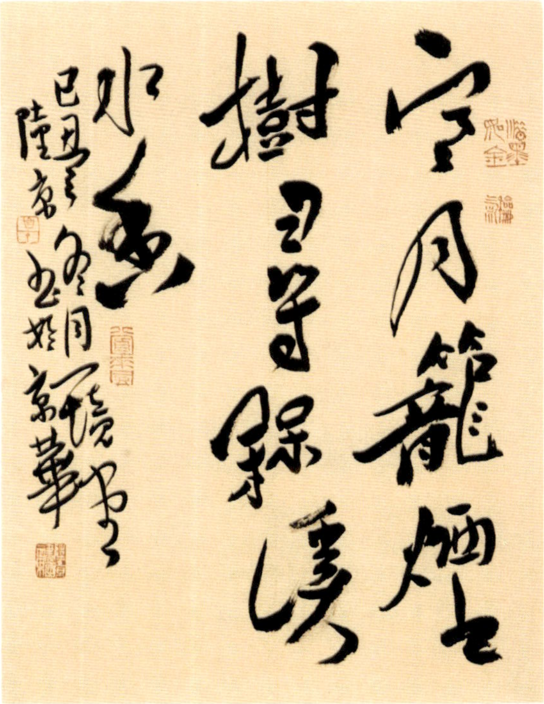

寒月笼烟树

宋陆京

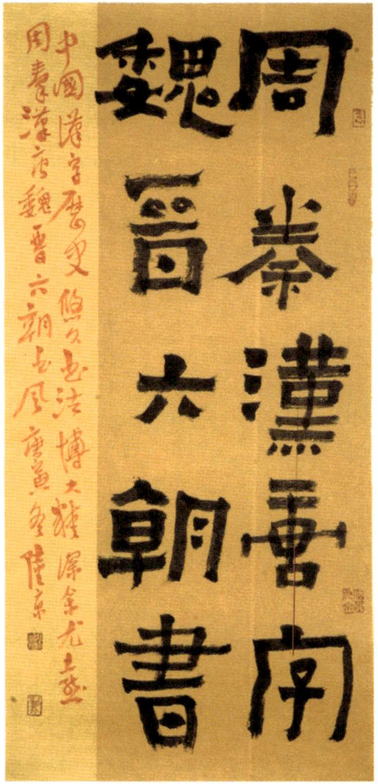

周秦魏晋

宋陆京

术上的共同追求之“大我”状态，而且作为专业画家，对自己的作品要有更严格的要求，要有能担当得起这份责任的分量。

宋陆京经历过很多社会实践，可说其绘画之路较为坎坷，但这种坎坷按他的理解恰恰是他绘画成长的过程。画家画到最后，画的其实就是他自己人生历程中悟到的东西，是他个人所想表达而又符合审美规律的东西，这样才有独立的面目与共鸣的愉悦。宋陆京有书法基础，以书法入画，有笔性，手感灵动，上手快，出手也快，因而合作大画时许多艺术家都乐意邀他参与。他原来喜欢画山水，但在国家画院进修时，画作以花鸟为主，大写意花鸟越画越简，他担心继续下去会显得内容空洞，认为自己应趁年轻挑战更大的创作可能，于是在读研究生时便专攻山水了。书法上笔墨一通，很多东西都可以通了，加上10余年来一直都重视写生，他走进大自然，感受大自然，在山水画上也走出了一片自己的天地。

在写生上，宋陆京追求那种天人合一的感觉，他不一定如实画景，而是放飞心情，对景感悟，写其景也写其心。在大自然中画与在室内画不一样，与临摹古画也不一样，在大自然中更有现实感与时代气息，也更有一种互动的心绪。但不管是室内绘画还是写生创作，他总是带着问题去思考和印证，包括对笔墨与景物的认知和处理，他认为笔墨要有自己的影子才站得住，作品也要有传统的基础才站得住。

宋陆京正是这样一阵子书法家，一阵子花鸟画家，一阵子山水画家，现在又把篆刻玩起来，日常还把书画古玩收藏玩得很有层次。这样的好处是艺术是相通的，可以互为渗透互为裨益，做到能工能写，能书能画。坏处是越是想综合得更多，要突出效果就越慢，不比专攻一科能立竿见影那么快。但他相信修炼诸艺，感应万物，最终都是服务于艺术。包括他人生中的

花鸟写生

宋陆京

一路艰辛，也不可能是刻意的，但劳其筋骨，应该也是练其心性，增益其所不能，从而趋于大器晚成。

宋陆京认为真正的艺术家画的是生命、阅历、修养。他对艺术初心不改，他对传统文化景仰崇拜，他对生活则既认命又进取，在经历、见识、成长中形成自己的世界观与人生观。他希望自己既是艺术家，也是哲学家与思想家，只有三才合一，才能张扬艺术，天人合一，进入忘我境界的修为。他认为只要艺术触及灵魂深处、有感而发，一缕线条、一滴水墨，哪怕不完美也是一种完美。艺术可以追求完美，但艺术不可能完美，因为任何一位艺术家都有时代、思想、境界的局限。但有深厚的修养与学识、丰富的身世与阅历，积淀出来的那几根线条、几团笔墨才不单薄，画家比的是身后的东西，中国画靠的是综合修养，体现的是文人意境，需要的是释儒道等传统文化涵养与艺术家的精神品格。

宋陆京认为艺术家的思维模式是全身心地投入艺术，终其一生追求的也是艺术；认为世间万物围绕和服务的也是艺术，艺术具有至高无上的地位。艺术家的喜怒哀乐、衣食住行、言谈举止不为常人也不为世俗理解。他自己也一样，虽然可以世俗，但自有分寸，不卑不亢，他对艺术执着，从小到大"一根筋"，一心想成为一个大艺术家。他也有自己的决心与心目中的金字塔，那就是把山水、花鸟、人物、书法、篆刻逐一打通，一路走一路打通，哪怕花更多的时间，哪怕再慢些出成效，他也愿意，他已习惯那种苦行僧式的自我修行。虽其他人在艺术上专攻一点，已收获颇丰，而他则比较贪心，他要追求一种极致，他相信大拙不雕，大器晚成，他想走得更远更长。

2020年5月

第三章

收藏琐记篇

“学贵有恒，道贵悟真。”作者以亲身经历的个案为切入点，从多年的收藏实践中总结出诸多心法：“别针换别墅”理念、时间换空间理论、入藏时机如何判断、把握收藏方向与策略、收藏理念的变与不变、确定收藏对象的标准、收藏的苦乐、收藏的专与博、戒农民式收藏思维等，读之令人时而产生共鸣，时而沉思，时而顿悟……其间，还间有数篇民间艺术藏品、艺术面貌与风土习俗之类的关联文章，读后也让人视界开拓，别有意趣。

我是如何玩起收藏的

有朋友夸我收藏入门早、眼光准、出手狠。其实，我虽入门早，但却因为经济基础差，还是蹉跎了不少光阴，错过了许多机会。

我自幼喜欢涂鸦，读中学时曾在学校礼堂办过画展，高考时很想报考美院，但20世纪90年代初，我父亲作为八级技工（已是工人的最高技术级别），工资每月却仍不足200元，而当时一幅尺寸不是很大的油画布都要60元了，学美术日常耗费则更是不少，以我并不宽裕的家境难以负荷，进美院的奢梦自然不了了之。

但是，也许真心的热爱得到了上苍的眷顾，我参加工作后竟有幸认识了当时岭南画坛的泰斗关山月、黎雄才、廖冰兄等大家，这些艺术大家地位高、影响大，许多人在其面前总是奉承恭维之语不断，偏偏我这20来岁的毛头小伙“初生牛犊不怕虎”，面对大师们的作品常常直率地发表一些不同的见解，反而得到大师们的赞赏，一来二去，竟成了他们的座上客，甚至忘年交。

那些年代，大师们的作品可以卖不少钱，但谦谦君子的艺术家们市场意识没有现在这么浓厚，他们依然存念“秀才人情纸一张”，怜我那“垂涎欲滴”的馋相，兴之所至也会打赏几巴掌大的墨宝给我玩玩，这足以令我欢喜不已了，收藏就是这样玩起来的。像有些事情一样，是那么自然而然地发生，未必就是很刻意的。

在不那么计较铜臭的年代，其实，如果我的脸皮能厚一些，或者舍得多掏点腰包，相信如今的收藏层次就远远不止如是了，所以说我“出手狠”是万不敢当的。至于“眼光准”，我想一来自身的爱好是基础，二来也是机缘所赐，让我能与这些艺术家们打上交道。所以我的收藏之路未必很好，也未必可以复制，倒是我觉得之所以能玩出点名堂，都是因为我玩起了“别针换别墅”的游戏——没有因藏而藏，也没有泛泛而藏，而是玩赏一段时间艺术家们给我的小作品后，便将那些不是很适合我品味的作品出让，换了钱后再拼凑或增加点投入又去索购一些大气些、精致些的作品。

艺术作品在玩赏过程中随着时间的迁移也会不断升值，于是我玩赏一段时间后又留起喜欢的，出让没那么喜爱的，再购买更有层次的……这样依样画葫芦地循环起来，于是越玩越上瘾，越玩越精致，越玩越多藏品，收藏就开始有了些规模。

2012年7月

行情最坏的时段反倒是收藏最好的时段

艺术收藏品有长期的可持续发展的能力，就是因为无论在什么市场中，精品下降的幅度都不大，有的甚至还有上升的势头。

收藏市场有其周期。2013年之前，我们经历了收藏的黄金十年，在黄金十年里越早介入，才可能收获越多。而2014至2015年是一个波动调整期，我们再想回到疯狂增长的阶段已经没可能，因此很多人浮躁、悲观。

在我看来，收藏有两个概念：一个是投资收获，一个是把玩品味审美。很多人有双收获，也不乏一些收藏者对审美、文化没太多关注，纯粹关注上涨指标。不过，艺术品本身自有教化的作用，即使是后者，也可能在不知不觉中就提高了收藏者的文化修养。

因此，相对之前价格十倍、百倍疯涨的阶段，现在倒是进入市场的时机。比如普洱茶板块，一度疯涨，什么人都玩收藏，什么茶都被收藏，前几年普洱茶的价格泡沫被挤掉后，买好茶的人如今“解套”了，甚至赚钱了。

艺术品市场也是同一个道理。不要指望价格永远疯狂增长，在价格调整的这个阶段，应该是我们储备、积累的阶段。只要用闲钱买，冷静，不浮躁，有分析力，找自己喜欢的东西，就一定不会错。

目前的市场阶段是最坏的阶段，也是最好的阶段。对于我来说，我就很感谢市场的低潮给了我机会，因为我跟大多数的普通玩家一样，投入的资金量并不大，买多卖少，在市场疯狂的时候就非常“痛苦”，难以参与其中。而现在这个时候反倒可以收到好东西，而且超值。比如我收到一些清末的民间工艺品，非常精致，而且价格不高，即使现在找工艺师都未必能做得出来，所以我经常笑称就算按工钱算我都是赚了的。

退潮就能看到谁在裸泳，市场退潮了，我们就可以看清楚了再收藏。即使有的人说东西还是贵，但若干年之后，现在收藏的肯定还是赚的，没有打水漂。收藏最怕的就是买错、打水漂。我们要相信，过了这一个低谷，艺术品市场会迎来一个新的黄金时期。

2015年10月

资金少、介入迟、价太高……收藏还能怎么玩？

对于收藏有几种似是而非的说法，比较普遍又看似非常有说服力的，一是认为非要有充裕的资金才能玩收藏；二是认为收藏被玩了那么多年，现在介入已太迟；三是认为艺术品市场赝品泛滥，收藏品只有贵的才是对的……真的如此吗？

结合这些年来自身在收藏上一路的摸爬滚打，不妨说说我的一孔之见：

其一，收藏是一种爱好与习惯，资金多有资金多的玩法，资金少有资金少的选择，没资金并不等于不能玩收藏。曾经有一个游戏叫“别针换别墅”，说的是从价值低微的别针开始，在不同的时机，和有不同需求的人，交换不同的物品，一路交换下来，最终竟可以置换成价值巨大的别墅。

那么收藏何尝不可如此。当年我刚参加工作时每月工资只有几百元，生活都成问题，但因为自幼对艺术的酷爱，加上机缘巧合，每天下午总有两三个小时可以就近去逛逛古玩街，便从画二十元买个碟子或花几十元买个花瓶开始交起收藏的学费来。不知不觉就认识了一些玩收藏或做收藏品交易的朋友，也在购买与交流中积累了经验，增长了见识；后来又因各种因缘际会与一些艺术家成了忘年交，有时写的文章被认可了还能赢取艺术家们一两个巴掌大的书画作品作为奖励，于是，一路积累一路变现或置换，竟在收藏上玩出了点名堂。可见，并不是非要有很多资金才能玩收藏，关键是要有心、有行动、有坚持，当然也要把握住机会。

其二，总有人说喜欢艺术品收藏，但收藏市场运作多年，现在介入已太迟。纵观历史，除了战乱时期，玩艺术品收藏总体来说真的有“太迟”一说吗？

事实上，任何时候介入收藏都会觉得好东西太少、好东西太贵，但随着时光的流逝，少的还会更少，贵的还会更贵，特别是社会在发展，稀缺的资源只会越来越稀缺，含有珍稀价值元素的艺术品越来越难得，难得的东西价值会消减吗？收藏品价格也许会因人为的因素而一时有所起伏，但长远来说好东西只会越来越有价值。任何时候介入收藏都不会太迟，“太迟”只是相对于先知先觉者来说你付出的代价比较大而已，但殊不知还有更迟者，关键是你是否真的热爱。

其三，许多人总认为便宜没好货，尤其当下艺术品市场上的赝品让人防不胜防，所以只有贵的才是对的。当然，这里面有一定的道理，但世事无绝对，有时候“贵的才是对的”却成了不良商贩行骗的圈套，让一些收藏爱好者成了冤大头，从此再不敢涉足收藏了。

其实，收藏品的价格除了自身性质定位外，还与渠道、圈子和时机有关，比如我经常因为工作便利能接触到珠宝等行业的大咖，那么购买时不仅会有优惠，还避免了批发零售等环节的加价，这是渠道的便利；有时藏友因审美层次提高而愿意转让一些藏品，因为藏友先行收藏占了时间的优势，转让时往往也愿意实惠些，这是圈子的便利；还有一些收藏品因价值未被挖掘与发现，你提早接触、喜欢并收藏了，付出的代价并不高，一旦这类藏品的文化或其他价值被社会或市场认可而大受追捧，价格飙升，那么你就占了时机的便利。

当然，如果入了一件特别喜欢的藏品而心情大悦，那么贵与不贵已无所谓了。毕竟好的收藏品总是稀缺的，有时错过了一件心仪的藏品就再也找不回，徒增许多伤感！

所以，艺术品收藏也是一种修为，讲究缘分，在收藏中增长见闻、增加阅历、陶冶性情、积累财富、感悟人生……何乐不为！

2017年8月6日

收藏，任何时候都是机会

许多人认为现在的艺术品价格太高，介入收藏的时机已错失，甚至不管自身如何热爱，总觉得入市已迟，应是无缘收藏的了。其实，比较一下房地产，珍贵的艺术品更是稀缺的资源，每一位艺术家穷其一生也没有多少作品。回头看看，我们以前也一直认为艺术品太贵，一直在犹豫是否该下手，一直希望市场出现盘整而价格回调。但是这么多年来，我们看中的那些艺术品价格从来就没有怎么回调过，珍品永远被追捧，贵与不贵只不过是心理预期与经济立足点的观感而已。

记得黄永玉先生曾给我讲过一件趣事。他以前在农村写生，有一农民站在其身后观看了近半天，十分投入。黄老觉得这位农民非常难得，就与他搭讪，问："这画好看吗？"农民答："好看，画得很美。"再问："喜欢吗？"答："喜欢。"黄永玉就有意闹着玩说："那卖给你，两元可以啦。"你知道那位农民怎么答：

“两元？两元可以买一斤猪肉啦，这么贵，才不要呐。”当时黄老的画价应有数千元每尺了，但那个农民不知道，农民有农民式的思维，他虽喜欢那幅画，但与猪肉比较起来还是觉得贵了，这就是经济立足点与心理预期所致。说说题外话，回想我与黄永玉先生的交往，我觉得他真的才思敏捷，非常有趣。他的作品往往是一种创意，一种思想与一种游戏的状态，你看他的书法可以倒着来写，无所拘束，别有意味。我曾经和他一起吃饭，酒楼上了阿拉斯加帝王蟹，他边吃边看着盘上的蟹盖，突然要服务员帮忙把蟹盖用布抹干，然后用油性笔就着蟹盖的纹理添了几笔，转眼间一个满面通红、栩栩如生的老头就浮现出来了，再来一个蟹盖就变成了一男一女……信手拈来，皆成艺术。

黄永玉先生的作品往往是抱着一种谐趣的心态而寓以妙思进行的创作，我非常喜欢。但回想我刚认识他的时候，其画每

瞧，餐桌上的两只阿拉斯加帝王蟹蟹盖涂上几笔变成了什么？

看黄永玉先生如何写字，
这不是在玩吗?

尺才不过五万元，还是嫌贵没有买，不想现在早已不是昨日之价啦。你说贵吗？贵！但求购者仍络绎不绝，想想也是，九十岁的老先生，一笔一画都是人生。

介入收藏，你可能任何时候都觉得贵，但反观历史，不以时间点而以时段来看，除非社会动荡，否则任何时候都是介入机会，盛世兴收藏嘛。不信？过几年再回头看看。

2012年4月

收藏的方向不对只会南辕北辙

回想我收藏的历程，虽然走过的路未必很好，未必可以复制，但有些理念梳理一下，也许可以温故而知新。当年我开始玩收藏主要是缘于有幸在工作过程中认识了一些艺术大家，但我觉得自身的热爱也是很重要的，如果没有自身的喜好以及面对艺术家时的坦诚与自信，也许就会与这些机缘擦肩而过。

首先，收藏，我认为勤奋很关键。在与艺术家们交往的过程中，我抱着学习的态度，在日常工作之余常提笔写一些艺术欣赏的小文章，并不断在报纸杂志上发表；也常常牺牲一些休息与娱乐的时光，为艺术家们的展览或其他活动出主意，跑跑腿，办点事……有付出就有收获，这过程中一方面提高了自己的鉴赏能力与办事能力，一方面也与艺术家的关系更为紧密。人与人的感情就是在不断交往中密切起来的，有了感情的基础，起码索购作品也会因为有了渠道避免了赝品而得到了实惠。有时能被人使用说明你有利用的价值，有价值就有了交换的基础，没有价值你想与人接触都难哪。

其次，我觉得许多事情都要持之以恒。多年来，如果获点蝇头小利就浅尝辄止，如果三天打鱼两天晒网，那么所谓的收藏相信也是非常皮毛的。一直以来，我泡艺术家的雅居，我跑古玩市场和参与拍卖，我请教专家与前辈，我在收藏过程中被骗与被误解，我在报刊上开专栏写鉴赏文章乃至出著作……一切的一切都需要坚持，特别是我的职业与艺术、收藏、文学等没有多少关系，都是利用业余的时间坚持下来的。但我信奉有耕耘就有收获，只是耕耘的时候不要过于计较收获是否对等，有的收获未必立竿见影也未必显而易见，过于计较就难以坚持。

再次，我觉得收藏更关键的是要把握好方向。方向不对，任你怎么努力，只会越走越远，南辕北辙，徒耗光阴与精力。所以收藏需要学习，需要分析收藏对象。有人说我眼光准，我所投入精力的那些艺术家都发展得非常快，其实我就是注意分析，分析艺术家的学术基础，分析自身与该艺术家能否相投契，分析艺术家的圈子以及活动能力，然后把有限的时间、心血乃至财力投在适当的地方与适当的对象上，走对了方向自然事半功倍。

最后，收藏还要讲究策略。策略的东西不外乎如何花少钱多收精品，如何把握时机低入高抛，如何避免购买赝品与被套住，只是这些东西太玄乎了，我也在学习之中，并不是三言两语可以说清楚的。不过我要强调的是收藏达到一定层次后，关键是要用时间换空间，如果朝收夕赎，那么在信息发达、价格日趋透明的如今，一来你获利不会丰厚，一来你那贪图小利的小贩形象相信也没有多少人会喜欢，许多渠道与资源就会堵塞。

何况艺术收藏的价值体现更多的是在把玩欣赏过程中得到性情的陶冶，我们许多消费何尝不是为了获得精神的愉悦，而且收藏品的价值多数会随着时间的推移而不断攀升，不经意间许多藏品便成了稀缺的精品，如果变现，收获自然不在话下。

2012年7月

玩收藏者常会有美梦

某日在广州美院遇到老艺术家周波老师，他的一番趣谈令我捧腹之余又浮想联翩。他说："无钱人经常会有美梦，梦中多是赚了大钱发了财，买了房子买车子，或者随从者众，前呼后拥，甚至身边美女环绕，快活逍遥；而有钱人则经常会发噩梦，梦中多是被盗被抢，被骗被算计，甚至被绑架被伤害……因为日有所思夜有所梦。"我接嘴说："那本人每夜总是熟睡无梦，应是因为没什么钱也不会太穷吧？"他笑答这样的人值得交往，因为心态平和，无贪无惧，说得我乐滋滋的。

将此论说与朋友分享，朋友笑言不信，认为此论如成立，则我应该会有噩梦，因为我是玩收藏的，家中宝贝不少，应该老是担心被盗或损失……此言似乎也有道理，但多年来我确实睡中少梦，更是没有噩梦。

细为思量，我倒觉得玩收藏者应是常有美梦，因为喜欢收藏的人爱美之心尤为炽热，见到悦心的藏品则痴迷不已，买不起或得不到时更是朝思暮想，有时为了拥有珍品更是倾其所有也在所不惜。那么，这些收藏者的梦中应尽是追求藏品的痴恋，是拥有宝物的狂喜，是得到心头好的欢愉……况且，多数收藏者确实也没有什么钱，因为许多收藏者总是除了留点钱银保命抗风险过日子外，更多的资金都投入艺术珍品的收藏去了，那么这些收藏者身边或账户上又能有多少钱呢？如按周波老师所论，则无钱是否就多美梦呢？

而我又如何能熟睡无梦呢？我想也许真是心态平和使然吧。事实上，也有一些收藏者对藏品过于紧张，捧在手里怕摔了，含在嘴里怕化了，家有藏品，总怕闪失，往往秘不示人，束之高阁，这样的收藏就确实有点辛苦了。

我总认为收藏的收获除了有保值增值的经济属性外，更多的是在收藏欣赏过程中的身心愉悦与审美的情操陶冶。物为人用，收藏也不能沦为物欲的奴隶，在收藏的过程中担惊受怕、患得患失是不可取的，心态不平和也许真的就会带来噩梦。因此，还是争取做一位熟睡无梦的收藏者吧，这样身心更为健康。

2012年4月

收藏未必要太多条条框框

“3万元人民币够入门了，30万元是收藏警戒线。”这是蔡康永先生的一个见解，想必很多粉丝会趋之若鹜。还有张铁林先生也说过：“我没有卖过一件藏品，我是在做真正的收藏。”言下之意似乎就是，卖过藏品的就不是真正的收藏了？

这些观点相信已被不少人奉为金科玉律。但在我看来，收藏的魅力在于缘分，也在于随缘，未必有那么多的条条框框。

我们有时几百元就可以买到一件精致的民间艺术品，有时几千元就可买到一件地方小名家的书画作品，即使在拍卖行有时一两万元也可拍到过得去的艺术品，但偏偏有时数百万元甚至上千万元却买不到一件心仪的名家精品。

那么什么是“入门线”，什么是“警戒线”呢？其实就因人因物、因时因地而异了。收藏各有所好，层次不尽相同，渠道与资源的不同也可使价值出现差异，所以应该没有什么所谓的标准线，关键是要玩得开心、玩出心得。

财力是收藏的一大决定性要素，而且收藏不经历相当长时间的积累，不经历与相当多藏品的接触，不经历不同层次藏品的比较，是很难有感性与理性的经验的。只买不卖所需要的财力与安置藏品所需要的空间就没有多少人可以承受得了，除非收藏物品的价值不高或者藏品不多。如此这般，还是真正的收藏吗？

坦诚地说，一个藏家买了又卖、卖了又买，通过藏品的流通来丰富自己的知识和提升收藏的水平，又有何不可呢？在收藏过程中，人们经常会随着鉴赏水平的提高而对原来喜欢的东西逐渐变得不那么欣赏，将已不那么欣赏的东西转让出去，让藏品在另一欣赏层次的收藏者中发挥作用，岂不是对原有藏品最好的安置与尊重？人在尘世是过客，收藏品在我们的收藏世界中不也是过客吗？人生如是，收藏的大千世界也应如是。

相信许多收藏者都是从自身喜好出发，往往是从便宜或者大众层次的藏品入手收藏，其后再在比较、交流变换、购买转手中不断提升自身的鉴赏水平和收藏层次，从而走向高层次的收藏的。在我看来，收藏就是一个收集、比较、淘汰、扬弃，进而系统提升而又反复丰富的过程。

当今经济与文化的发展非常令人鼓舞，收藏群体越来越壮大，许多成功的收藏家也会成为众多收藏粉丝的偶像，他们的成功经验也确实值得借鉴与学习。只是具体来说，不同的收藏者有不同的实际情况，他人的观点与路径可以了解，但未必对每个人都适用，即使本人的观点也会随着不同的收藏阶段发生变化，一些观点被其他人提出异议也是正常的，这也是收藏的本质所需要的。

其实，收藏的过程中收藏者就要对藏品善于质疑，这样才可能发现赝品并且提升鉴赏能力。同样，对收藏观念也要敢于思辨与质疑才会理清收藏的思路，有时真相就是在辩证与质疑中被发现的。

2012年3月

收藏的咏叹

有时，真不知道是我收藏了艺术品，还是艺术品收藏了我，因为在不断地把艺术品搬回家中后，不经意间我已生活在艺术品的包围之中。你看那箱里藏的、床下堆的、墙角放的、壁上挂的、柜上摆的、架上陈列的，都是从许多渠道淘来的艺术品，它们好像一层层、密麻麻地把我收藏着。

对艺术品的珍爱，确实常常令我意乱情迷，每每遇到悦目赏心的艺术品，总会流连忘返，尽想拥有为快。如果人家不相让或者价高买不起，那么，心里就痒得难受，甚至有时像患了单思病似的茶饭不思。有一次，在画廊中看上了一幅方楚雄先生的《松鼠图》，但画价实在越来越升得难以接受，而且当时身上没带那么多钱，也只能暂作罢了。谁知回家后，脑中浮现的、眼前晃动的总是那毛茸茸、活灵活现的小松鼠。咬咬牙，打算把家中藏品让些出去，换点钱将其买下来，但又觉得这件

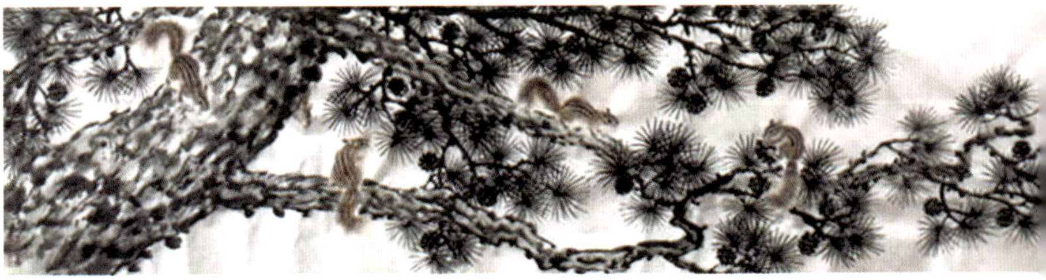

松鼠图

方楚雄

颇可爱，那幅很雅致，实在无从取舍……这些艺术品，仿佛就是我心中的爱人，只是我也太“花心”“博爱”了，总是旧的仍溺爱，新的又痴恋。

收藏艺术品，并不是捧回家就可以了。这些宝贝呀，可是要好好伺候的。要么怕收藏的地方潮湿；要么怕张挂的墙壁日晒；要么怕被虫蛀；要么怕给蚁咬；摆在箱里太久了，又忍不住翻出来把玩把玩；把弄时间太长了，又担心会伤损。相同爱好的朋友来了不拿出来一齐欣赏与分享又觉得自己太自私，与人分享了又恐怕损友会强夺所爱，虽然经济上未必会损失，但心理上总徒增许多失落。这些宝贝呀，似乎比我那初生儿子还要娇贵。不过，儿子现只有一个，艺术品倒是不需要计划生育的，所以说，我这艺术品的家族早已是儿孙满堂。

对艺术品的寻寻觅觅虽然饱经沧桑，但往往不经意的收获却令人欣喜若狂。我曾为买了赝品而懊悔苦闷，也曾为淘到宝贝而私下偷笑，甚至有时花了冤枉钱也同样开心。有一次出差汕头，在一个画廊被两幅杜应强的水墨榕树图所吸引，讨价还价中，就是与心目中的价位相差两三百元。本打算暂放一放，下午再去谈，谁知突然有事，非马上赶回广州不可。回来后，对那两幅画总是念念不忘。隔两天，实在难以忍耐，于是又赶了几百公里路去汕头，一路上患得患失，唯恐那可爱的画儿被他人抢先购走。直到踏入画廊，见那画作依然悬挂墙壁，才舒心地笑了起来。所幸那画廊的老板已不记得我，见这人进门别话不说，尽是傻笑，还以为是神经搭错了线呢。最终不仅没有省下两三百元，反而倒贴了上千里路的来回花销。

艺术收藏，苦乐其中，倒是为人生平添了许多情趣，也许正如前人项莲生所说，“不为无益之事，何以遣有涯之生”。

2012年6月

收藏的对象应是对自己有要求的人

有一次和东涞艺术中心的艺术总监叶光华先生聊天，他说他们公司近年来在艺术推广中有一项工作就是挖掘和培养有潜力的年轻艺术家，每年他们都会在美术院校的研究生的作品中挑选购买一些作品并为表现突出者组织展览与推广。有一位他看好的研究生，几年来动员为她办画展，但她却一直未接受，总认为自己的作品还不行，艺术还没有梳理好，尽管在不断磨炼中，但她认为展览起码要对得起老师、对得起观众、对得起策划展览方才可以举办……我想，这位研究生是对自己有要求的人，说到底她也是要求作品要对得起自己，这样的作品其内涵与分量自然非同一般，因而，对这样作者的作品，可能的话我也会收藏。

确实如此，许多对自己有要求的艺术家发展都比较快。就说许钦松先生，我认识他已有十多年了，许多人一开始对他并不看好，因为他那些以现代视角构图的山水画有别于传统山水画对人文氛围的渲染，他把版画的表现手法融入了传统国画而被一些人不认同与质疑。但这么多年来许钦松先生从不气馁，白天忙于行政事务与世事往来，夜晚则奋耕砚田。争议，他是知道的，但他不因争议而停步，他对自身有要求。“两岸猿声啼不住，轻舟已过万重山。”勤奋的许钦松先生终于以日趋完美的画面效果征服了世人的眼光，以包容的心态赢取了今天影响遍及长江南北以及领导岭南画坛的地位，其作品为收藏者带来的收获自然不在话下。

再说许鸿飞先生与谢楚余先生，他们均已是岭南艺坛的中坚力量，他们在艺术成长过程中也常常受到一些非议，但他们不为外界所冲击与影响，只是严格要求自己，要求自己的作品有所突破、有所创新。

许鸿飞先生一年365天除出差外地，基本都泡在他的工作室石磨坊中，那里常常高朋满座，他也不断集思广益。每年数十件雕塑作品问世是许多雕塑家所不能企及的，而且许鸿飞要求自己不管作品的题材内容还是展览形式与效果，每年都要有新突破，都要能出彩。

谢楚余先生则在油画创作的唯美上坚持至极致，每年仅有的几幅作品总是精益求精，创作所使用的颜料是最为昂贵的法国名牌产品，每小管动辄数百元，一幅画下来光颜料成本就数以万元计。也正是他的苛求与坚持，他唯美的作品才深为世人所喜爱。他有限的作品难以满足市场，不仅作品价格大幅攀升，许多盗用他作品的印刷品也遍及世界各地，其受欢迎的程度由此可见。

当然，我们身边还有许多对自己有要求的艺术家，其作品的市场表现也无不证明着其艺术生命力与作品的收藏潜力。因此，我们就应该收藏对自己有要求的艺术家的作品。

2012年7月

黄永玉“模仿”名作不奇怪

黄永玉先生的学生告诉他，有人说他的画不是国画。黄永玉先生听后说：“告诉那人，以后如说我画的是国画，我就去告他。”

黄永玉自己并没有觉得画画要分好多种，他认为艺术创作最重要的是要开心、要快乐，哪怕是悲伤的事情，如果一边哭一边捶胸顿足，又如何画画？所以黄永玉先生一直就是以一种游戏的心态创作，也不拘泥于成法与程式，他的画虽然宣纸、笔墨、题款、钤印等中国画元素样样具备，但只要是表现的需要，他可用排笔或其他工具，可用水粉、丙烯乃至广告颜料，他的创作总是亦庄亦谐，嬉笑怒骂皆可入画。哪怕是借用别人的绘画图式或引用别人的哲句诗词，只要认为有意思或相适应的均可信手录用，游戏其间。这样的作品也逐渐形成了黄永玉先生独特的风格，甚至可以说呈现个性的时代精神。

对于黄永玉先生偶有用他人图式或内容有趣而娱兴复画的作

品，我们大可不必大惊小怪。中国传统文化艺术的传承就习惯于在临摹与抄写中感悟提升，“熟读唐诗三百首，不会作诗也会吟”就是强调这种在复述中的学习与体悟。中国画同一题材、同一构思、同一内容、同一构图不断锤炼笔墨语言与表现手法的作品数不胜数，特别是书法作品，历来许多书法家题写脍炙人口的诗词章句时，有时会随手标注出处；有时会因诗句众所周知而不做标注；有时会考虑作品构图布局的需要而不加标注；有时又会因是戏笔而没有刻意标注……此类情况比比皆是，作者注重的是书写的节奏气韵以及笔墨表现或借句抒情，而非内容与前人重复与否。

黄永玉先生移用一些名句或名画再创作，以表达一种认同或另作趣解的作品并不少见，比如他曾移用亨利·豪里达的《但丁与贝特丽丝邂逅》一画重新创作，用相同的图式把三位美丽的女子改画成倾谈嬉戏的三位肥女，又把站在桥头的但丁改成仅穿一条裤衩并叼着烟斗的黄永玉自己，戏述自己当年的感情境况。两图相比，令人忍俊不禁。黄永玉也曾将古语“洞中方七日，世上已千年”改书成“洞中方七日，世上一星期”，虚指实写、歪打正着、别具意味。可见有时换一换角度或思考方式就可表现出不同的精神意蕴与风格特征。

当然，有时这些移用或借句、借图的表现未必能尽如人意，就像我们写文章一样，即使是名师高手也会偶有写得一般的文章。对艺术家需纵观其不同时期大量作品以及了解作者创作背景，进而全面研究比较，才能作出客观的评说。同样，一位艺术大家平生成千上万的作品不可能件件是精品，也不可能得到所有人一致的赞赏与推崇。青菜萝卜各有所爱，一位艺术家最终都是经过大多数人以及长时间的考验才可有定论。至于艺术家本人艺术创作的过程，能自得其乐或与人同乐已足矣。

2012年4月

对“皇阿玛”收藏观点的商榷

新快报曾刊发一篇对收藏家张铁林先生的专访文章，“皇阿玛”谈了不少自己的收藏经验与心得，颇具启发性，但一些观点也值得商榷，比如“专业的收藏家不是杂货铺”这句。难道兴趣广泛就不专业了吗？马未都先生观复博物馆的藏品可谓五花八门，难道就可以说他不是专业收藏家？他的“专”的观点有着西方科学分门别类的意味，而我们的传统则讲究艺术及收藏在哲学上互为辩证的关系。

在我看来，说收藏家专业不专业，不光是看他收藏了什么，或者门类是单一的还是广泛的，而是看他是否真的对收藏具有衷心的热爱，他的专业水平达到怎样的一种高度。因为艺术需要丰富的思想与多元或相融的美感，试看历代艺术大家又何尝不是饱阅人生百态，又通晓琴棋书画，然后通过创作使个人的学养与才情得以表现出来？艺术收藏先广泛涉猎，然后集中喜欢的一两项，分主次进行又何妨。艺术收藏门类之间，许多原理、许多知识也是可以互为借鉴、互为佐证的。我不妨斗胆以自己的收藏经历为例，来探讨这一话题。

我毕业后来到广州酒家工作。广州酒家是一个老字号的饭馆，关山月、黎雄才、廖冰兄等老艺术家常常是这里的座上客。人们见了这些人物，常说的是恭维之词，而我这个初出茅庐的小伙子，凭着早先对艺术的感悟与理解，就有时直接对关老等人的作品提出自己的看法。这些看法其他人听起来也许不以为然，而在老一辈艺术家看来则是非常真实而又有趣的，为此他们都非常喜欢。长此以往，这些老前辈与我便成了忘年之交。借由此，我的收藏也慢慢起步，书画就是我收藏的专项。

而就在几年前，我的收藏视野开始拓宽，不再局限于书画领域。因为我发现，其实民间工艺品有非常大的收藏空间，许多艺术便来源于人们的生活与民间艺术的创造，这些反过来又影响了高雅艺术的发展，比如潮州木雕、满洲窗玻璃、刺绣等与我的生活息息相关，也是我审美提升的所在。

木雕在潮汕地区非常普遍，我自幼便耳濡目染，觉得它是一种非常了不起的民间艺术。现在，通过对木雕的研究与学习，进一步提升了我的审美与鉴赏能力。另外，还有玉器、瓷器、红木等等，都对我的文化修养与收藏知识的提高起到了很大的作用。民间工艺品是老百姓自己创造的，虽然也会受书法艺术的影响，但它是接地气的，而书画等其他艺术门类也经常从这里吸取营养，两者之间的基本知识是相通的。因此，一旦对民间工艺品有了深刻的了解，就能触类旁通，书画等艺术品的鉴赏与收藏也会上一个台阶。

玩收藏，肯定有一个主次之分，但也不是一定要专攻一门。不过，总要首先经历一个历练与琢磨的过程。我觉得，先撒大

潮州木雕

网，广泛涉猎各种门类，通过长时间的积累与反复体会，就慢慢知道自己的收藏兴趣与兴奋点，也能熟悉各种藏品的鉴赏与价值所在。到时候，再攻取一点或几点，深入钻研下去，就会进入高境界，成为真正的收藏家。

2012年3月

翡翠市场如何，等闲心处之

近来对翡翠市场的争论沸沸扬扬，莫衷一是，特别是有些报道和“专家”对翡翠市场的抨击长篇累牍、此起彼伏，似乎非令市场按其意愿驯服不可，也令许多收藏爱好者与消费者云里雾里，丈二和尚摸不着头脑。而到底翡翠市场的现状与走势真相如何？我的观察却未必悲观。我想，任何事物都需以实践与时间来考验，对于所谓的预测与判断我们大可以等闲心静观之，相信一段时间以后回头望便可豁然开朗。

有的说翡翠存在很大泡沫，说价格要下降90%才合理，说两三年内不要买翡翠成品，说翡翠市场五年内难有大起色……耸人听闻的言论是否过激？依据是否真实可靠？业内业外人士大可不必恐慌。细为咀嚼，如果一个市场的泡沫达到90%，而运行依然，人们浑然不觉，而仅仅是个别“专家”的“清醒认识”，那么也许应了一个笑话“当所有人都是疯子，而唯我不疯的时候，我是什么”。

有的说翡翠的国家鉴定标准不完善、有偏差，是搞乱市场导致价格暴跌的“主犯”。对此说法，我真的不知还有什么收藏类的鉴定是完善与没有偏差的。书画的鉴定没有偏差吗？瓷器的鉴定完善吗？更别说同是有国家标准的和田玉检测了。尽管和田玉产地不同、品质差异可令价格有天壤之别，但国家鉴定标准检测出来的都叫和田玉。

反而翡翠按国家标准检测后能够明明白白告诉送检者是天然A货还是经过处理的B、C货，至于水头、种份、色泽的优劣，许多收藏者靠目测就基本有个好坏的认识。如果翡翠因为检测的偏差会令价格暴跌，那么和田玉的价格就更难以独善其身了，但好像翡翠与和田玉多年来检测一直未完善，价格却一直在攀升。再说，如果因为鉴定有偏差就令市场暴跌，就不再购藏或消费，那么我们这些玩收藏的恐怕以后也没办法再玩了。因为所有收藏品类的鉴定检测在目前乃至未来很长一段时间内，恐怕很难完全没有偏差。

还有以物价水平涨幅与黄金价格波动来推论的，认为翡翠的“涨价幅度应大致与黄金持平，上下波动应在7.5%~30%的幅度内”才合理。这论调真的有点让人发晕，收藏或投资价格都以黄金涨跌为准则的话，那我们都去买黄金算了，还需要其他什么收藏、什么投资眼光呢？而如果所有的收藏与投资者都涌向黄金的话，那么谁敢担保黄金不会出现“疯涨的泡沫”？“专家”们又不知如何自圆其说。

更有以“明朝痴迷宝石而导致国库不堪重负而产生巨额亏空”和“20世纪80年代钻石市场价格涨幅50%，导致崩盘”等论调来推论的。我认为任何评论都应有相应背景的事实才不会断章取义，明朝的事我没研究不敢妄言，但泱泱大国竟会因为痴迷几块宝石而导致国库巨额亏空确实令人不可思议，其中原委有待学者们进一步考证。而说钻石因涨幅大而在20世纪80年代崩盘，大家有目共睹的是这么多年来钻石市场的价格虽然没有什么大的惊喜，但却持续上涨，看来当时的崩盘也仅是昙花一现而已，而且是怎么样的崩盘以及社会稳定等其他导致崩盘的特殊原因，评说者并没有说清楚。不过，目前的经济大环境也有许多行业被说有泡沫，但物价却不怎么跌下来，那么翡翠是否会因有泡沫就会“暴跌”呢，我们拭目以待。

此外，还有“商家不诚信”“无色玻璃种翡翠下降了50%都没人要”等说法。对此，我只想问：大千世界，有哪些行业是没有一些商家不诚信的？是否因为有个别商家的不诚信我们就不购买这些行业的东西了呢？唉，天下熙熙皆为利来，天下攘攘皆为利往。面对翡翠市场的纷纷扰扰，我们不能简单地以对与错、好与坏去妄加评论，只有市场事实与时间考验才是公正的评价，一切市场行为背后都有“无形的手”进行自我调节，并不是以个人的喜恶或毁誉便能转移的，所以我们无须操之过急，也无须意气用事。

2012年7月

慈善义举的纠结

看到批评家张演钦先生关于艺术家卢延光为路遇没有手掌的乞儿求乞而惊心、伤心一文，颇有感触。我与卢延光老师也常有接触，深知其为人善良正直、慈悲为怀。也许艺术家都有着求真求善的天性，许多名家大师都是善良而敏感的。

早年，我和漫画大师廖冰兄过往甚密，廖老心肠软、内心敏感，他不能看到或听到有人受苦受难。与其谈论世事，每每谈到一些人的困苦凄凉时，他情之所至竟眼湿耳热、唏嘘啜泣，甚至不顾自己已耄耋之年而为求助者奔波呼吁。当年我曾亲见廖老以写字画的润格“劫富济贫”，把自身的积蓄都用于社会慈善与扶助困苦人家，后来他还成立了廖冰兄人文基金会。

当然，还有许多书画艺术家义捐义拍艺术济贫的事例未能一一列举，也还有许多艺术家热心公益的善举未为我们所知。这社会，特别是在艺术界，向来就不乏爱心，只是这社会，也常常有许多令我们在奉献爱心之余又产生疑惑纠结的事情。

街头的行乞人、路边的卖花小孩、身着校服当街求助的“学生”……怎么这么多“困苦”的人们都涌进了城市？政府不是一直都在致力于扶贫吗？后来，我们终于听说那些卖花求乞的小孩背后可能有不法团伙在操纵，这些团伙甚至拐卖摧残儿童、以博取同情来获利。我们还听说某些地方有人专门以求乞为职业……

其实，我不愿相信这些事情是真的，但许多新闻都曾证据确凿地披露过。我也常常告诫自己不能没有同情心，不能让心灵麻木，但不知不觉中却日渐麻木起来。以后见到残疾的乞儿是否捐助？捐助的钱物到底是帮了这一残疾的乞儿，还是导致某些团伙摧残、迫使更多的幼儿上街求乞？虽然我常常自责平生没有多少善举，但每当遇到这些事情时还是非常纠结。

不过艺术家还是与常人不同，记得当年廖冰兄也知道有些向他写信求助的“困苦人”是杜撰来骗取扶助金的，甚至有些求助者因廖老的扶助达不到其要求而心生怨恨，但廖老的善举却一如既往。

我不是艺术家，张先生提出：“卢延光，怎么办？”我也纠结：如遇到这些情境，怎么办？

2012年4月

艺术衍生品的考察

——与许鸿飞意大利之行

应许鸿飞的邀请，我们去了一趟意大利托斯卡纳，参加一场授奖典礼。当地蒙特普齐亚诺市颁给许鸿飞荣誉市民的“金鹰奖”奖章——一个旨在表彰对该市做出重大贡献的各国人士而设的荣誉。去年许鸿飞曾在该市举办了一场盛大的雕塑作品展，引起广泛的影响。颁奖仪式在古老雅致的波利齐亚诺剧院举行，由蒙特普齐亚诺市市长安德烈·鲁西颁奖。

颁奖仪式后，已近傍晚，在市长夫妇、副市长、图书馆馆长等一行的陪同下，我们畅游了蒙特普齐亚诺古堡和有着厚重历史印记的市政广场。整座城市依山而建，神秘浪漫，在山顶眺望映着余晖的城堡，连绵起伏的山丘间，一排排柏树与橄榄树穿插在连片葡萄园中，远处红色村庄屋舍点缀着旖旎的自然风光；从山脚古老的教堂钟楼、城内街巷的精品小店到一扇扇紧闭的小门和窗台摆放的盆栽，每一个细节都弥漫着当地居民热爱生活的人文氛围。

晚上，我们走进了由13世纪修道院膳堂改建成的餐厅。餐厅的主人是嘉塔维奇酒庄庄主卢卡，在他的热情引领下，我们走进位于城中的一处百年酒窖。一排排橡木桶整齐陈列着，台阶附近墙壁与通道转角不时点缀一些油画与雕塑，古老酒具和剥落的墙砖悠悠诉说着酒庄过往的传奇，历史的痕迹在这里留驻，时光的烙印在这里凝聚……

托斯卡纳是意大利文艺复兴的发源地，许多电影如《暮光之城》《英国病人》都曾在此拍摄。在这里，好奇的游客、慵懒的市民，仿如友好的邻里，友善热情，又从容优雅；古老且别具一格的建筑和宁静整洁的街道，则演绎着悠闲与浪漫、时光与考究，透出贵族与艺术的气息。

这次来意大利，还得顺道考察一些奢侈品加工厂家。第二天一早，我们在当地奢侈品设计师保罗和G·G的陪同下，从托斯卡纳驱车前往佛罗伦萨。中午时分，因当地法律规定司机中午必须休息一个多小时，我们在一座古老小城歇脚。

走进小城，迂回盘旋的街道，半掩的拱门，仿如时光雕刻的建筑，处处散发着岁月的沧桑。这里出奇的宁静、非常的干净，风过如涤，清新无尘，街上行人稀疏寥落，脚踏着麻石路时几乎可听到回音。城里墙角的雕塑似乎诉说着大诗人但丁等圣贤曾经历的历史。街边小酒吧门口的几棵花卉，仿如艺术家把鲜艳的色彩洒在斑驳的墙纸上，点燃了生机，勾勒了诗意；安坐酒吧沙发的居民，一瓶啤酒一册书便可消磨时光。来到酒吧，我点了一杯麦香浓郁的生啤与一份甘鲜可口的海贝意粉，最后加上酸甜顺滑的现打柠檬雪糕，品尝了一顿意大利地道美食。

下午，我们参观了一间奢侈品配件厂，技师们的服饰与发型都颇有艺术与时尚感。在这里，一个纽扣或者铭牌、标识从设计到制作需数十道工序，包括用料的选择、弧线的控制、质感的把握、色泽的调整等，都有着严格的标准和检测流程，并由相应的制作仪器操作和控制数据。

第三天，我们一早从佛罗伦萨走向乡村，去考察近郊的一家手工陶瓷作坊，许鸿飞准备在这里委托制作一些雕塑挂画。对此，我刚开始有点想不通，瓷器本是我们的国粹，景德镇、石湾、潮州……无论选择何处，都比在意大利制作来得方便与省事、省钱，有必要这样舍近求远吗？但许鸿飞认为意大利带有西方审美的视角与工艺制作更能表达甚至补充其雕塑作品的内涵。

第四天，我们参观了一家香水作坊，许鸿飞香水系列艺术衍生品打算在这里调配。当然，除了香水的香芬要“摄人心魄”外，香水的容器也很重要，许鸿飞以他“肥女人”雕塑作品的原型去定制瓶子。当天我们也参观了一家手工吹制玻璃的工场。意大利的手工吹拉玻璃是很出名的，在这里，我们看到了技师们口吹手敲，炉锻钳制，像变魔术一样舞弄出一件件奇形怪状的玻璃器皿和趣致可爱的玻璃小动物。我忍不住也借用师傅的铁管摆弄了一下。

后记：何不尝试一把“亚旅游”？

这次旅程，可说是在工作中旅游，在旅游中工作，白天总是往城外走，晚上才回到佛罗伦萨，直到第四天下午才有一些时间真正去观赏佛罗伦萨这座历史文化名城。

欧洲城镇的宁静浪漫，多限于郊野与小城镇。进入佛罗伦萨，城内依然人流如鲫，车辆往返穿梭，特别是景点附近，游客的脚步总是匆匆忙忙，城中领主广场、圣母百花大教堂、老桥等著名景点，熙熙攘攘，与国内“黄金周”时的景点境况也差不了多少。

哎，经典的景物总是不能不看，但经典的景点却往往如此让人不忍细看。我在想：旅游到底收获了什么？

如果仅为了照片，还不如买本图册在家细看来得从容；如果仅为了捕获一些影像，似乎看一些纪录片也不乏印象。以前难得走出去看看，人们难免贪多求全，有时居然一日游一国，跑得满身劳累，回过头来却什么也记不住；如今许多人出游说走就走，便不需要那么舟车劳顿了。这样的情况下，少走一些地方多看一些细节，少一些跑马观花多一些思考印证，岂不是更有收获？兴趣来了多走走，累了找个地方歇歇，喝咖啡、品茶甚至就着墙角靠一靠，体验一下当地生活或观察一下风土人情，不也是一道风景？

在佛罗伦萨城内，我们在主要景点转一圈后，见到城中博物馆刚好有毕加索的艺术原作展览，便看画展去了。看完画展意犹未尽又去到美第奇宫看艺术品。作为当地省级博物馆的美第奇宫，曾居住过佛罗伦萨最具影响力与对艺术发展赞助最大的美第奇家族，宫中艺术装饰奢华考究，艺术品琳琅满目。在这里避开了人流，细赏了精品，不亦乐乎。

行程虽然紧凑，但工作游玩两不误，既看风景，又看风情，还进一步了解了当地的人文、产业、艺术、工艺等，碰撞出许多思考与感悟，令旅途生色不少，记忆也更为深刻。于是，忍不住记下了这篇不像游记的游记，并自命名这种似游非游的旅程为“亚旅游”。你觉得呢？

2015年1月

铜墨盒之沉浮与赏玩

有一种文玩叫墨盒，原为便于文人墨客外出携带使用而设计，乃是于盒中置棉絮，盒中之棉虽饱吸研好之墨液但不溢泻，故携带方便，使用时只要就地取水湿毛笔后舔盒中之棉即可挥毫，实为巧思妙设。

然文人士大夫即便仅是易携实用之物也绝不将就，于是各种雕刻各种规格形状的墨盒就异彩纷呈了，且制盒刻盒名家辈出，一时携带者既有使用之效也有玩赏显摆之意，类似于时下之奢侈品。墨盒材料以铜质为主，因应各种需求档次及设计不同有红铜、白铜、紫铜甚至相互搭配兼而用之，不一而足。

铜墨盒源于清中期，盛于晚清，但1949年前后，随着钢笔、圆珠笔等更为简单方便的笔具出现，加上社会动荡，铜墨盒开始式微。铜墨盒此物十分奇巧，盛行时甚至动摇了端砚的地位。清末震钧《天咫偶闻》云："墨盒盛行，端砚日贱，宋代旧坑，

铜墨盒

不逾十金，贾人亦绝不识，士夫案头，墨盒之外，砚台寥寥。”可见铜墨盒在晚清已成为文人雅士爱用的时髦之物。尽管如此，随着书写工具的变革和书写习惯的变化，铜墨盒依然被历史的车轮无情地甩出历史的舞台。

铜墨盒从产生到现在不足200年，而它的实际兴盛期还不到100年。因此，就其功能来说，铜墨盒服务于近代，也辉煌于近代，是一种典型的近代文具，因为它存在的历史时间不长，文化积淀也不够深厚，所以了解者也有限。

不过，毕竟铜墨盒仍是历史上盛行一时的文玩之一，晚清和民国时期，以陈寅生、张樾丞为杰出代表的刻铜艺术家，更将铜墨盒打造成了刻铜艺术的主要载体之一，使铜墨盒成为具有文字、图案、纹饰、款识等的精美绝伦之工艺品和艺术品。当时不少著名书画家，如姚华、齐白石、陈师曾等，也都为铜墨盒设计过图稿。很多历史名人，也都曾与铜墨盒结下不解之缘。近代以来的文物收藏名著，如邓之诚的《骨董琐记》、赵汝珍的《古玩指南》、孙殿起的《琉璃厂小志》等，对铜墨盒及其作者、经营者都有记载。所以，各种因素使然，铜墨盒也具有了较高的文化含量和收藏价值。

近日清理家什，发现手头上有几件早年在古玩街淘来的墨盒，把玩之际，不妨与朋友们观赏一下。

2017年8月

艺术是向上的车轮

在广州一隅，聚集着一群为艺术而沉醉的人，他们在现实的喧闹中抽身离去，又在艺术的唤召下抵达，而这一切源于一个叫石磨坊的地方。石磨坊工场有一棵盘顶而又常年吐绿，时而开出一些清雅绒状小花的阔叶树，它的名字叫构树。《构树下的肥梦》一书别致的书名，即由此而来。

在书中，邓勃首先是用他娴熟的摄影技术，为我们留下了一个可供把玩的艺术空间，在这个空间中，光和影自由嬉戏，相互追逐，人、物、景三者和谐为一、相得益彰，写意出一个酒香浓郁、诗韵萦绕的造梦的空间。它隐匿在都市的喧嚣里，在构树荫庇的屋檐下，这是成就雕塑名家许鸿飞的地方，是许鸿飞的工作室。

邓勃并没有刻意尝试为石磨坊寻找某种别致的氛围，而是从日常景观中巧妙取舍，即便是对雕塑家许鸿飞本人的正面摄影，也多是从其生活、工作的常态中随意抓拍，这样一来，不仅有利于读者通过影像走近艺术家生活的内核，更有利于还原一个艺术家真实的人生图景。

与光影技术相互辉映的，是邓勃在《构树下的肥梦》中所动用的独特的叙述语言。在《构树下的肥梦》中，邓勃另辟蹊径，用一种诗意而自我的语言来述说雕塑家许鸿飞的点滴故事，将自我在生活中种种瞬间的感思注入其中，或欣悦，或孤独，或痛楚，或得意……纵览全书，作者确实做到了不拘一格，任由情感倾泻，不仅成功地塑造了一个造梦之域石磨坊，更成功地还原了雕塑家许鸿飞的艺术人生。

许鸿飞的成长脉络与人生故事，穿梭在作者不动声色的寻梦之旅中。通读全书，一个由海边诞生的艺术之魂，溯着蜿蜒的历史之光，进入读者的视域。需要提及的是，本书并没有像其他的传记写作那样，按照时间的脉络，事无巨细地将叙述对象的生平琐事一一道来，而是巧妙地安排许鸿飞生命过往中的几个关键的片段，讲述了一代艺术才俊的成长史。但是，这并不是说作者在讲述的过程中不注重细节，恰恰相反，在此书中，细节的呈现与材料的翔实无疑是其一大特色。比如，在谈及许鸿飞和国外艺术家钱大有的默契时，作者就抓住他们在创作《吻》中的一个细节：钱大有当场解衣做人体模特。这一细节的呈现，不仅有助于刻画两位不同国度的艺术家的心有灵犀，更有利于展示艺术家对待艺术创作的执着与奉献精神，同时还传达出艺术本身对人的吸引力，更不用说艺术家自己。这样的细节在书中随处可见。

2010年12月

潮汕三大建筑装饰：俗传风雅，风情著文化

潮汕地区对古代传统礼制有着一定的习俗遗留，他们敬仰天地神灵和祖先，多建有寺塔、庙宇、祠堂，也崇尚大宅高屋。潮汕人重情信义，感情特征明显，感觉艺术富有活力，加上潮汕人民刻苦耐劳，所以传统民间工艺水平非常发达，特别是在建筑及装饰艺术领域如木雕、石雕、嵌瓷等方面取得了很高的艺术成就。

一、嵌瓷

嵌瓷出现于明代万历年间，原是民间艺人“废物利用”的聪明才智之举。以前的瓷器并不便宜，使用过程中破损或烧制不够完美的瓷片如扔掉则十分可惜，于是他们把有釉彩而颜色各异的破碎瓷片通过剪取、敲制和镶嵌等工艺，糅合造型绘画的艺术，在庙宇、祠堂、民居等建筑上做成各种立体的器物图案或花鸟人物等装饰，熠熠生辉，成为屋脊上绚丽的风景线。

嵌瓷主要有平嵌、浮嵌和立体圆嵌等，这一工艺是潮汕地

区特有的，后来也影响到珠三角或其他地区，但始终以潮汕地区最为集中、丰富和精彩，是民间稀有的特种工艺。特别是随着现代建筑的兴起和民间高手多逐渐年迈或离世，那种精致多彩而层次分明且内涵丰富的嵌瓷已越来越少见。嵌瓷也是风格多样的，明式较为简洁素雅，如潮州韩文公祠屋顶上的；清式较为浓彩厚饰，图案色彩丰富，内容繁复多样，如潮州开元寺和汕头老市区关帝庙屋顶上的；现代的介乎两者之间，视乎屋主或工艺师的喜好，但多是略显粗犷，不够精细或不够有韵味。以前的瓷片质量好，风吹雨打，色釉不褪，经历数以百年依然色彩绚丽，有脱落重新修复的，往往新贴瓷片一段时间日晒雨淋之后反而不够原有瓷片抢眼。

一处完整的屋脊嵌瓷往往视不同位置装饰的需要而花纹、动植物、人物形态均备，而且除了吉祥美好的祝福意蕴外，还有各种神话传说、古代典故、传奇志异等题材与内容，因为表现形式的需要，嵌瓷中还融合了灰塑、泥塑、贴瓷等多种元素。

二、木雕

潮州木雕在唐宋时期已开始应用，原为木色素雕，南宋时始有金漆雕出现。由于潮州漆艺好，用金足，木雕喜用金漆多，故人们常称潮州木雕为金漆木雕。

潮州木雕成熟于明代，清代达到全盛时期，民国后战乱频仍，木雕使用量锐减，木雕艺人许多转做其他行业谋生，木雕行业一度萎缩。改革开放后，经济的发展和一段时间出口任务的需要，加上后来家居装饰和收藏欣赏的兴起，许多文化人的介入与艺术家提出的要求和建议，潮州木雕重新成为潮汕地区的一面工艺旗帜。

潮州木雕

嵌瓷

石雕

潮州木雕

潮州木雕工艺形式主要有凹雕、凸雕、圆雕、镂通雕和锯通雕，其中内容丰富、立体自然且多层次的镂通雕最具代表性。每件木雕通常有起透描稿、凿粗坯、细雕刻、髹漆、贴金等工序，虽然以金漆为主，金碧辉煌，但有时也以黑漆、朱砂或其他彩色、原木色来营造层次变化，从而出现了黑漆装金、五彩装金、木色素雕等形式。潮州木雕在建筑装饰上如梁架、屋檐、拱托等均被综合运用，雕梁画栋，场面恢宏；雕刻场景也繁复缤纷，人物众多，景象壮观。各种雕刻精美细致，花木景物多层镂刻，玲珑剔透；人物刻画灵动自然，表情传神，连发丝、须眉、衣纹等都毫不含糊；整体上统一协调，饱满热闹；细节处理上掩映修饰、过渡自然，常令人叹为观止，流连忘返。

潮州木雕的兴盛除了由于潮汕地区富有传统文化底蕴、崇尚古建筑以及潮汕人心灵手巧、刻苦耐劳之外，还与当地人敬仰祖先神灵，喜建祠堂、庙宇、书院以及致富后乐于建大屋大厦荣耀乡里等习俗有关，有的富裕乡村的建筑物甚至堪比雕刻艺术博物馆。

如要亲赏潮州木雕艺术，建筑装饰方面潮州己略黄公祠不可错过，门扇屏风与饰物方面广东省博物馆的收藏也值得细赏，特别是潮州木雕龙虾蟹篓更是驰名海内外，在潮州一些雕刻大师的工作室中应该可以看到。至于市面上的粗糙之作与旅游商品就不值一提了。

三、石雕

潮汕石雕久负盛名，特别是将木雕中的镂空技术应用到石雕中，呈现出独具的风格。石雕中应用的技法有通雕、圆雕、浮雕、立体雕等；立体雕主要有石柱蟠龙、昭壁麒麟、双狮守门等，风格厚重大气，传神灵动；浮雕主要镶于墙壁，人物动植、樵耕渔读，异彩纷呈；多种技法兼用的许多雕件则装嵌于墙裙、檐柱、券门、垂带等地方，传统典故，花纹图案，蕴含着美好吉祥的祝福。石雕以花岗岩为主要原料，除因在沿海地区取材方便之外，也是适合南方潮湿炎热的气候以及耐酸碱、耐腐蚀、耐风化的需要。

潮汕石雕在唐宋时期已出现，建于唐代的潮州开元寺至今仍保留有那个时代的石雕，造型比较古朴简约；随着明清两代潮汕地区经济人文的发展，石雕的应用与题材内容日趋丰富，工艺也日益精细；在清末民国时，民间能工巧匠别出心裁，精雕细琢，把浮雕、圆雕、平雕、多层通雕、双面雕等等各种技艺在石头上演绎得淋漓尽致，由潮州己略黄公祠和建于清代的从熙公祠可见一斑。后来随着时代的动荡，物质生活贫乏，石雕艺术的要求与表现有所滞后，特别是改革开放大潮中许多工匠弃工从商，许多建筑装饰的石雕逐渐来源于闽南地区。当然，潮汕地区也仍有不少石匠艺人依然坚守工艺，精益求精，作品在国内外的一些工艺展赛中屡获殊荣。

总的来说，潮汕地区人文风俗独特而又充满魅力，建筑装饰上古往今来家乡习俗依然，风土人情浓郁，备受世人瞩目。

2018年10月

《八十七神仙卷》之象牙雕刻巨构

《八十七神仙卷》是我国至今传世屈指可数之古代绘画国宝级艺术珍品，传为盛唐画家吴道子所绘，属绢本白描。图中以道教故事为题材，描绘了东华帝君、南极帝君带领真人、仙官、金童玉女、神将等80多位神仙朝谒元始天尊扶桑大帝之宏大场面。画面景物形神刻画细致入微，构图穿插错落又连绵不断，笔墨遒劲洒脱，富有张力与质感的线条如行云流水，充满律动感和形式美感，表现出强大的生命力与生动的说服力，代表了中国唐代白描绘画的最高水平。

《八十七神仙卷》原作仅高30厘米，长292厘米，为艺术大家徐悲鸿先生于1937年在香港办画展期间从一德国籍人士手中以重金购得，后来捐给了国家。徐悲鸿先生对其珍爱至极而称之为“悲鸿生命”，作品现藏于北京徐悲鸿纪念馆。

象牙雕刻是我国一门古老的传统艺术，距今已有数千年的

历史。象牙是有机宝石，以其质地坚实细密，色泽温润光滑，向来被视作白色的金子而备受历代人们珍爱。长期发展中，象牙雕刻逐步形成了北京、广州、苏州、福建等几大加工产销聚散地。不同风土人情与审美习惯的影响，使各产销聚散地之间既在题材和形式上保持着各自的风格特点，同时又互相渗透，互为借鉴，并主要分为南北两派：北派以北京牙雕为主，具有雍容华贵、庄严典雅等特点；南派以广州牙雕为主，以精镂细刻、玲珑剔透见长。

本来《八十七神仙卷》与象牙雕刻是风马牛不相及的事物，但20世纪中后期，国内一象牙世家却超乎想象地把两者结合起来，他们以雄厚的实力、艺术的使命感礼聘中国工艺美术大师孙森先生操刀挂帅，率广东陆鸿波、郭敏琪等数位牙雕大师历经10余年呕心沥血，以《八十七神仙卷》绘画作蓝图，创作出长达666厘米的象牙立体群雕。孙森是一位对北派象牙雕刻有着重要贡献的中国工艺美术大师，他擅长人物雕刻，其作品造型考究，端庄细腻，形神兼备，人物动态神情与身份气质丝丝入扣，具有不同凡响的个人风格；陆鸿波则突破了象牙拼接的传统工艺，擅于大型牙雕组件创作；郭敏琪是广东牙雕工艺大师，

《八十七神仙卷》绢本

吴道子

擅长宝塔、花灯等景物雕刻，并能结合人物景观进行创作。这些工艺名家的合作，有机地把南北派象牙雕刻艺术共冶一炉，互为辉映，相得益彰。他们从精选象牙原料开始，反复推敲，精心磨合，投入创新，特别是创作上既要忠于原作，又要化解原画图中平面人物互相遮挡叠加而看不到的地方，并将其立体地演绎出来，使原画中本来没有完整形象的人物都能独立成型。作品中不论人物造型、动态、服饰、道具等均巨细无遗，自然生动，从二维的平面演变成三维的立体空间，四面兼顾，过渡自然，这不仅是对雕刻技艺的考验，更是对创作能力的考验。

这象牙雕刻版的《八十七神仙卷》由一幅292厘米的平面白描绘画演变为长度666厘米的立体群雕，视觉效果更臻完美，构图布局更显气度恢宏，作品阵容蔚为壮观，人物栩栩如生，纤毫毕现，景象万千。只见众仙簇拥着帝君沿廊桥从右至左浩荡行进，帝君神态尊贵端庄，神将形象威风凛凛，仙女姿容秀丽轻盈；又见锦袍金甲赫赫天威，霓裳衣裙随风飘拂，羽衣翠袂美轮美奂，峨冠璎珞灼灼其华；桥上锦旗招展，树木茂盛；桥下祥云舒卷，莲花盛开；作品层次分明，聚散有致，富有空间感和节奏感，表现形式整体统一而又纷扬变化，规律井然而

《八十七神仙卷》牙雕

又不显呆板，摆脱了现实的束缚又超乎自然的真实，是突破时空又充盈想象的牙雕巨构。

该作品中的人物均为孙森大师亲自雕刻，人物神态各异，姿态多样，衣袂翩翩，线条流畅自然，表情更是逼真动人，咫尺观赏，仿佛身置其间，如临其境，云飘人动、鼓乐喧天……佛家七宝之一的象牙历代被人们视为吉祥珍贵之圣物，此群雕佳构更是精挑巨牙之细腻坚实心料，每位人物主体均为单独一根象牙所雕刻，故历经数十年仍色泽莹润，完整精美，典雅高贵，配合创作者巧夺天工之绝活，赋予了作品更为独特的形式与丰富的意蕴，实是艺坛瑰宝，难得一见。这一创举在象牙雕刻史上堪称前无古人，随着我国全面停止商业性加工销售象牙及其制品，象牙及制品也仅限于收藏或展览，于是，此创举也将后无来者，相信这一异曲同工的同名佳构终将成为罕见的传世之宝。

2020年6月